Challenge
the **CBT**

いつまでも健康で幸せに生きる！
認知行動療法
セルフカウンセリング・ガイド

アルド・R・プッチ 著

森重さとり＋石垣琢麿 訳

ψ 金剛出版

いつまでも健康で幸せに生きる！

認知行動療法セルフカウンセリング・ガイド

アルド・R・プッチ［著］

森重さとり・石垣琢麿［訳］

The Client's Guide to Cognitive-Behavioral Therapy :
How to Live a Healthy, Happy Life...No Matter What!
by
Aldo R. Pucci, MA, DCBT

Copyright © 2006 by Aldo R. Pucci
Japanese translation rights arranged with Kleinworks Agency
through Japan UNI Agency, Inc., Tokyo.

Challenge the CBT シリーズの序

総監修
石垣琢麿・丹野義彦

　1980 年代以降，認知行動療法の理論と実践は全世界に広がりました。わが国では，2010 年に認知療法によるうつ病の治療が保険点数化されたことからもわかるように，すぐれた先達のおかげで，この 10 年で急速に普及が進みました。わが国における認知行動療法の臨床研修システムはまだ十分とは言えません。しかし，臨床家・研究者は，これまでも，積極的に海外で学んだり，勉強会・研修会を継続的に開いたりして地道に経験と研鑽を積み重ねてきました。今後ますます増える認知行動療法を学びたいという人々にとって，これら先輩の経験は定番のテキストとともにとても貴重な資料となるでしょう。

　「Challenge the CBT」シリーズの第一の目的は，認知行動療法を実践している臨床家の経験や方法をわかりやすく解説し，身近に指導してくれる人がいないという場合の実践への敷居を低くすることです。シリーズの読者には，対人援助の専門家だけではなく，心の問題で苦しんでいる当事者や，そのご家族と関係者も含まれています。

　本シリーズには，無味乾燥なマニュアルや研究書ではなく，クライエントと治療者の喜びや苦労も含めて「日常臨床の姿」がはっきりと浮かび上がるような著作が集められています。認知行動療法ではさまざまなマニュアルが既に整備されていますが，それに従って実践するだけでは，当然のことながらうまくいきません。クライエントと臨床家とが互いに真剣に向き合うなかで，これまでにどのような工夫がなされてきたのかを知ることは，当事者や認知行動療法の初学者だけでなく，自分の臨床を振り返りさらに深めたいと考える経験豊かな臨床家にも資するところ大だと考えます。このシリーズが多くの方々の役に立つことを願ってやみません。

訳者まえがき

　本書はアルド・プッチの「合理生活療法」（Rational Living Therapy：RLT）の入門書であり，セルフ・カウンセリングを支援するための本です。RLT は認知行動療法（Cognitive Behavior Therapy：CBT）と原理を共にする仲間であり，CBT の技法のひとつとして位置づけられます。

　この心理療法の特長は，精神健康のために自分自身が努力できる部分を明確にしていることです。医師が治療する領域以外の（つまり，病気ではないために，自らの力で対処できる領域の），思考のかたよりに由来する心の不具合を徹底的に切り出し，かたよった思考を当事者自らが修正する方法をわかりやすく具体的に示しています。また，思考だけでなく，バランスの良い栄養摂取やスポーツのような身体活動をも含めた総合的・体系的なアプローチを通して，精神的なセルフコントロール力を獲得できるように構成されています。このような RLT/CBT は，当事者に役立つだけでなく，セラピストの治療指針としても役立つでしょう。

　本書は一貫してセルフ・カウンセリング術の習得を目指していますが，この概念や手法は，プッチの指導者であるモールツビー（Maxie C. Maultsby, Jr.）が最初に提唱したものです。モールツビーは，エリス（Albert Ellis）と協同して心理療法を研究，臨床実践し，論理情動療法（Rational Emotive Behavior Therapy：REBT）をベースにした「合理行動療法」（Rational Behavior Therapy：RBT）という方法を打ち立てた米国の精神科医です。彼は RBT に基づいた「合理的セルフカウンセリング」（Rational Self-Counselling）を 40 年前から提唱しており，これが本書にも大きな影響を与えています。このような功績により，彼は米国精神医学会から終生名誉会員の称号を与えられています。

　プッチの RLT は RBT の発展型だと言えるでしょう。思考チェック法（「3 つの合理的質問」）や，知識が習慣化するまでの段階（「感情の再教育」）といった，クライエントが手こずったり，疑問を抱きやすかったりする部分に対する具体的回答を用意することで，思考を修正する道のりを見通しよくしてくれています。

　また，RLT の独自性は，これまで慣習的に使われてきた言葉を批判的に分析して，平易な言葉で丁寧に説明し直しているところにもあります。これによって，クライエントは思考のかたよりを，自らの力でより正確に特定したり認識したりできるようになります。加えて，ベック（Beck, A.）が提唱した「認知のゆがみ」を 26 個に分け，一つひとつの特徴を一目でわかるようにしています。この 26 個の「思考ミス」を認識して修正することは精神健康にとって大いに役立ちます。訳者が実践している個別・集団セッションのクライエントも，後々まで「この方法が仕事・生活のなかで役に立っている」と口にしています。つまり，RLT は，心理療法の技法というよりも，その名の通り「生活の知恵」として身につける方法だということもできます。

　RLT の技法を他の CBT の技法と相補的に利用することによって，当事者は心の不具合のメカニズムとその修正方法をさらによく理解できるようになり，彼らの精神安定の回復，維持，向上が確実なものになります。本書が少しでもその役に立つことができれば，訳者としてこれ以上の喜びはありません。

森重さとり・石垣琢麿

本書をマキシー・C・モールツビー・ジュニア博士に捧げます。モールツビー博士は，世界的な精神科医であり，合理行動療法（*Rational Behavior Therapy*）の創始者です。彼はまた，全米認知行動療法士会（The National Association of Cognitive-Behavioral Therapists：NACBT）のアドバイザーでもあります。

　私は大学院生のとき行動療法を研究していました。しかし，それは，私たちの感情や行動に関連する思考の重要性にほとんど関心を払わないものでした。その頃，私は勉強のためにモールツビー博士の著書『合理行動療法』（*Rational Behavior Therapy*）を購入したのですが，当初は行動療法をどうやって合理的に行なうかについて書いてある本だと考えていました。読み進むにつれ，博士の治療法が認知行動的（Cognitive-Behavioral）であることを発見し驚きました。博士は，クライアントに彼らの問題をどう上手く，合理的思考によって変化させるかを示して，サポートしていたのです。さらに，私は多くの心理療法の技法に触れましたが，モールツビー博士の治療法が唯一，脳の機能を基礎にしていました。私は彼の著書を読んで，合理行動療法が多くの人にとって理想的な心理療法だとわかりました。私が認知行動療法家になったのは，モールツビー博士のおかげなのです。

　大学院生として，私はモールツビー博士（その当時，博士はケンタッキー大学の教授でした）に著書に対する私の強い関心について書いた手紙を出しました。彼はわざわざ時間を取って返事を書いてくれ，合理行動療法の大学院生用プログラムに私を招待してくれました。彼は一介の大学院生の手紙に返事を書き，励ましてくれたのです。モールツビー博士はメンタルヘルス領域に多くの貢献をしており，世界的に大変有名な存在です。しかし，彼の最大の長所はコミュニケーションを取ろうとする姿勢なのだと私は確信しています。快く一大学院生の手紙に答えてくれたことが，私が何年か後に全米認知行動療法士会を立ち上げる動機になったのですから。彼は素晴らしい人ですが，とても「現実的」であり，認知行動療法家にとって優れたお手本です。しかし，彼は自分自身を他の人と同じように間違いを犯しやすい人間（Fallible Human Being：FHB）だと言っています。

　有名な教授を含む専門家のなかには，自分のレベルに達しない人を「下に見る」人もいます。しかし，人の成長や改善を促す分野は何であっても，モールツビー博士のように優秀で，かつ誰とでも分け隔てなくコミュニケーションできる専門家が必要なのだと私は強く思います。

いつまでも健康で幸せに生きる！　認知行動療法セルフカウンセリング・ガイド ━━━ 目次

Challenge the CBT シリーズの序［石垣琢麿・丹野義彦］／003
訳者まえがき［森重さとり・石垣琢麿］／005

序章 ━━━━━━━━━━━━━━━━━━━━━━━━━━━━━━━━━━━ 015
　この本の読み方／016
　認知行動心理療法に何を期待するか／016
　単純だが重要な生物学的事実（なぜ「新年の抱負」は守られないのか？）／017
　あなたの目標／018
　目標を設定するときの大切な注意点／019

第1章　「あっという間にすっきり！」をめざしましょう ── 031
　体の健康について……ご自愛ください！／031

第2章　セラピーを妨げるもの ━━━━━━━━━━━━━━━ 041
　次の章へ進む前に……／059

第3章　グッド・ニュース ━━━━━━━━━━━━━━━━ 061
　感情のABC

　グッド・ニュース1 ──感情のABC／061
　グッド・ニュース2 ──感情には3つの状態がある／065
　反射思考──なぜ，「出来事」が感情をつくりだすように見えてしまうのか？／066
　不完全な考え方／068
　自分の考え方を発見する／070
　新たな習慣をつくりあげる／071
　重要な注意点／071

第4章 考え方と根本信念 ——————————————— 075

RLT が根本信念に焦点をあてる理由／ 076

第5章 あなたが抱えている問題について ——————————— 079

どんな状況でも気分を晴らす合理的方法を見つけることができる／ 080

第6章 3つの合理的質問 ————————————————— 081

合理的質問1 ——「私の考え方は，事実に基づいているだろうか？」／ 081
感じ方のカメラ・チェック／ 082
合理的質問2 ——「私の考え方は，目標を達成するために役立つだろうか？」／ 087
合理的質問3 ——「私の考え方で，感じたい感情が湧いてくるだろうか？」／ 087
特別な注意事項／ 089

第7章 よくある「思考ミス」————————————————— 091
「常識だと考えられていることが，実はナンセンスだったりする」

よくある思考ミス／ 091

①全か無か思考 [092] ／②過度の一般化 [094] ／③心理フィルター [095]
④長所の値引き [099] ／⑤結論の飛躍 [100] ／⑥拡大解釈 [103] ／⑦感情がらみの推測 [104]
⑧不合理なレッテル貼り [104] ／⑨個人的解釈と非難 [107] ／⑩不合理な「すべき」宣言 [107]
⑪「必要」と「願望」の混同 [112] ／⑫「選択」と「強制」の混同 [115]
⑬「我慢できない」[115] ／⑭破滅思考 [118] ／⑮心配の魔法 [120] ／⑯不合理な定義づけ [121]
⑰「頼る」と「依存」の混同 [123] ／⑱「能力がない」と「気が進まない」の混同 [123]
⑲「可能性」と「確率」の混同 [124] ／⑳投影 [126] ／㉑「事実」より「意見」で動揺する [127]
㉒無意味な「たられば」[129] ／㉓不合理な絶望 [130] ／㉔多すぎ少なすぎ問題 [132]
㉕相反信念 [133] ／㉖相関関係と因果関係の同一視 [134]

よくある思考ミスについてのまとめ／ 135

第8章 **合理的行動計画表**（RAP） ——————————— 139
「学んだことをまとめてみよう」

RAP を完成させた後は何をすればよいでしょう？／142

第9章 **練習の重要性** ————————————————— 145
「感情の再教育 4 段階」は，どのように私にかかわってくるのでしょう？／147
私たちは考え方，感情，行動をどのように変化させるのでしょう？／148
練習テクニック／149

①心理的練習［149］／②身体的練習［154］

積極的に「まるで～かのように」行動する／155

第10章 **合理的ヒプノセラピー**（催眠療法） ——————— 161

第11章 **その他のテクニック** ————————————— 165

①連鎖のブロック［165］／②環境コントロール［166］／③行動の強化［166］
④相反する行動の強化［166］／⑤鳥の視点［167］／⑥先のことを考える［168］
⑦「人生は短い」という哲学［168］
⑧ポジティブ／ネガティブ・イメージの利用［169］

第12章 **おわりに** ——————————————————— 171

参考文献／173
著者について／174
訳者略歴／175

RLT アセスメント（介入前・中・後で実施）

　以下の質問には，思った通りに答えてください。質問の答えから，あなたが何を経験し，どのように考え，どう感じているか，あなたとセラピストは正しく理解することができます。
あなたの状況を最も表わしている番号に○を付けてください。

	1 強く反対する	2 反対する	3 どちらでもない	4 同意する	5 強く同意する
1. 私の人生には，なるべき状態になっていない物事がある。	1	2	3	4	5
2. 私の気分は他の人によって左右される。	1	2	3	4	5
3. 私の人生には，どうしても我慢できない物事がある。	1	2	3	4	5
4. よく考えてからでないと始められない物事がある。	1	2	3	4	5
5. 私の人生には，まったく私の手に負えない恐ろしいことがある。	1	2	3	4	5
6. 私の気分が安定するのは，他の人が私をどう扱うかによる。	1	2	3	4	5
7. 私の気分が動揺する，ある特別な状況がある。	1	2	3	4	5
8. 状況さえ変われば，私の気分は晴れ，行動も改善する。	1	2	3	4	5
9. 誰かが私を裏切ったら，私は二度とその人物を信用しない。	1	2	3	4	5
10. 私は，他の人がどう考えているかを気にするべきだ。	1	2	3	4	5
11. 気分が動揺してもよいという権利が私にはある。	1	2	3	4	5
12. 今まで，気分や行動を変えるためにいろいろなことを試してきた。でも，上手くいかなかった。だから大して期待はしていない。私は変わらない。	1	2	3	4	5
13. 私がセラピーによってどのくらい変わったかを知る目安は，私がどんな気分で，どう行動するようになったかという点に注目することだ。	1	2	3	4	5
14. 見えないものは存在しない。	1	2	3	4	5
15. 私は問題に対処できない。	1	2	3	4	5
16. 気分を晴らすために，薬を飲むことは必要だ。	1	2	3	4	5
17. 心にあることを洗いざらい全部吐き出せば，私の気分はすっきりする。	1	2	3	4	5
18. もし私が何か良いことをしたら，報酬があるべきだ。	1	2	3	4	5
19. もし私が他の人に親切にしたら，彼らも私に親切にするべきだ。	1	2	3	4	5
20. もし私がたったひとつの見方で物事を見たら，間違ってしまう。	1	2	3	4	5
21. もし私の感情が「違う」と感じたら，それは間違っている。	1	2	3	4	5
22. もし私の感情が「正しい」と感じたら，それは正しい。	1	2	3	4	5
23. 胸の奥での直感に従うことは，とても大切なことである。	1	2	3	4	5
24. もし私が何か間違ったことをしたら，自分自身を罰するべきだ。	1	2	3	4	5

いつまでも健康で幸せに生きる！
認知行動療法セルフカウンセリング・ガイド

序章

　私は 1990 年から合理生活療法（Rational Living Therapy：RLT）の理念とテクニックを開発してきました。本書には，RLT を基礎としたカウンセリング，心理療法の方法が解説されています。RLT は認知行動療法（Cognitive Behavior Therapy：CBT）の技法のひとつです。「認知」とは「考えること」という意味です。認知行動療法は，私たちがどのように考えるか，どのように感じるか，どうやって目標の達成を可能にするか，ということに焦点をあてます。

　RLT/CBT のアプローチは，クライエントが一歩一歩目標に向かって進めるように構成されています。セラピストにとっては，治療を進めるために必要なプログラムが確立されていて，セッションごとに達成すべき「ポイント」が決められています。

　本書は，合理的セルフ・カウンセリング術を身につけるために書かれた本です。あなたが今まさに治療を受けたいと考えているなら，こんなふうに言いたいかもしれません。「私は自分でカウンセリングをしたいんじゃない。セラピストにカウンセリングをしてほしいんだ」。心にとめておいてほしいのですが，すべてのカウンセリングはセルフ・カウンセリングを目指しています。セラピストは，カウンセリングを通じて，あなたをセルフ・カウンセリングができるように導いているだけです。

　私たちは起きている間ずっと，自分自身でカウンセリングをしています。あるときはとても生産的で理にかなった（合理的な）やり方で，またあるときは無意識のうちに非生産的で理にかなわない（不合理的な）やり方で行なっています。ですから，あなたは合理的セルフ・カウンセリングをすでにある程度知っているということになります。

　一日中思うようにいかなかったときは，適切で合理的な対話が心のなかで十分に起こらなかったせいかもしれません。問題は，私たちが合理的な自己対話にあまり注目していないために，適切な反応が生じているにもかかわらず，それを自分が意識したものではなく，偶然の産物とみなしてしまうことにあるのです。

　一貫した，意識的な，理にかなったセルフ・カウンセリングをどのようにするか，ほとんどの人は知りません。なぜかといえば，合理的セルフ・カウンセリングの仕方を教えてもらったことがないからに過ぎません。

　RLT のセラピストは，あなたが自分で感じたいと思うような感情を抱き，自分の目標を達成できるようにするにはどうしたらよいかを伝え，合理的セルフ・カウンセリング術をあなたの問題に対して応用する方法を示します。このカウンセリング・スキルは，あなた自身が感じたいように感じ，したいと思う行動を意識的にできるようにします。合理的セルフ・カウンセリング術を使えば，嫌な気分をいつでも，どんな状況でも晴らすことができますから，このスキルを身につけることはあなたに大きな自信を与えます。

　本書は，合理的セルフ・カウンセリングの概念とテクニックをわかりやすく学ぶために編集された本ですが，認知行動療法のパイオニア，マキシー・C・モールツビー・ジュニア（Maxie

C. Maultsby, Jr.），アルバート・エリス（Albert Ellis），アーロン・ベック（Aaron Beck）の理念と，彼らが開発したテクニックがこの本の基礎となっていることは言うまでもありません。

セラピストがあなたにこの本を読むように勧めたら，認知行動療法の技法を応用して，あなたが自分の問題を自分で解決できるようサポートするつもりだと考えてください。認知行動的アプローチは単刀直入で，実用的で，理解しやすいものです。本書を読めば，セラピストが教えてくれた認知行動療法の概念とテクニックを振り返ることができます。

この本の読み方

セルフヘルプ（自助）本を小説と同じように読んではいけません。小説は最後まで読んでストーリーがわかったら再び読むことはほとんどありませんが，セルフヘルプ本には追うべきストーリー展開はありません。活用するためには，少なくとも2回は読み返してください。多くの人が，2回目のほうが内容をよく理解できたと言っています。

各章を4，5回読んでから次の章へ進むのが最も効果的です。セラピストは宿題として何章かを読むように促すでしょう。私は次のことをお勧めしています。

- 各章をそれぞれ1週間かけて読むこと。
- ひとつの章を読み終えたら，少なくとももう一度読み返すこと。
- 納得できないことがあったら，何でもメモすること。
- 理解できないことがあったら，書き出すこと。
- 各章のテーマが自分の状況にどのようにあてはまるか，じっくり考えてみること。

あなたの嫌な気分を晴らすためには努力が必要です。これは避けて通れません。精神科医モールツビーが言うように，「私たちが簡単に手に入れられるものはたったひとつ，問題だけ」なのです。合理的セルフ・カウンセリング自体は決して難しいものではありませんが，そのテクニックを応用するには練習が必要です。ただし，この練習は努力のしがいがあるものです。

認知行動心理療法に何を期待するか

最初のアセスメントが終わった後（通常，1，2回のセッションでアセスメントは終わります），セラピストは合理的セルフ・カウンセリングの概念とテクニックについて説明し，セルフ・カウンセリング術をあなたの問題に応用する方法を示します。認知行動心理療法は教育的な姿勢を取るので，セラピストは最初の数回のセッションで，合理的セルフ・カウンセリングの大切なポイントをクライエントに教えます。セラピストに「胸のなかのものをとにかく吐き出したいだけ」の人は，この教育的な姿勢に少し戸惑うかもしれません。しかし，この姿勢や方法は，あなたの感じたい感情が湧いて，効果的に，確実に，生活や人生の目標を達成できるよう

になるために役立つのです。セラピストは合理的セルフ・カウンセリングとは何かを教えながら、あなたがカウンセリングのテクニックを自分の問題に応用できるように導きます。また、将来直面するであろう問題に対しても、どのようにテクニックを応用すればよいのか教えてくれます。

▌単純だが重要な生物学的事実（なぜ「新年の抱負」は守られないのか？）

　脳は左半球（左脳）と右半球（右脳）に分かれています。この 2 つの脳半球は、脳梁と呼ばれる神経の束でつながっています。この脳梁があるおかげで、両方の脳がお互いに連絡し合うことができます。

　何か感情が起こるとき、それぞれの脳半球は違う役割を担当します。多くの右利きの人の場合、左半球が言語の処理を担当します。つまり、左脳は私たちが使ったり、聞いたり、読んだりする言葉の理解とその処理過程に携わります。一方、右半球は、イメージ（画像）再生を担当します。私たちが想像したり、夢を見たり、または夢想したりするときには右脳が使われています。

　私たちの左脳に入った言葉は右脳内でイメージをつくりだし、私たちはそのイメージに沿って行動する、という傾向があります（Maultsby, 1984）。もし、私があなたに「リンゴを思い浮かべてください」と言えば、あなたの左脳は「リンゴ」という言葉の意味を理解し、その情報を右脳に送り、そこで「リンゴ」のイメージが再生されます。

　左脳は一つひとつの言葉の意味を理解し、右脳もそれらの言葉を理解してイメージを再生しますが、理解できずイメージも浮かばない言葉がひとつだけあります。それは、「〜しない（not）」という言葉です。このため、私たちは「（何かを）していない」状態を右脳内でイメージすることができません。イメージできるのはただ「（何かを）している」状態だけなのです。

　今、この本を読まないことを想像してみてください。うまくできますか？　もし、できたと思っても、「何か他のことをしている」ところを想像しただけかもしれません。たとえば、テレビを見ているとか、働いているとかです。私はあなたに、この本を読まないように言いましたが、それはできませんね。私たちの脳は、何かをしないことを想像できないからです。

　多くの目標が否定形の言葉を使ってつくられています。たとえば、多くの人が次のような新年の抱負を立てます。「今年こそタバコをやめる」。お気づきでしょうが、このような新年の抱負を立て、繰り返し唱えていると、最終的にはタバコを吸ってしまうことが多いものです。そうすると本人は、自分のことを「意思が弱い」とか「ニコチン依存症だ」とみなしてしまいます。

　禁煙するという志はとても重要ですが、目標を表現する言葉の使い方によって大きな違いが生じます。「今年こそ、タバコを吸わないようにする」と考えると、左脳はこの文章の意味を理解しますが、その情報が右脳に入った際に「吸わない」の「ない」という言葉が抜け落ち、残った文章はこうなります。

「今年、タバコを吸うようにする」

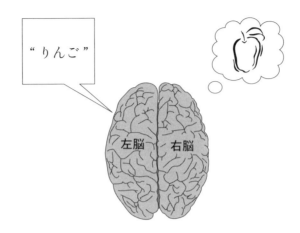

左脳は言葉を担当し，右脳は画像を担当する

　この目標を立てた人は，無意識のうちにタバコを吸っている自分を思い浮かべ，そのイメージに沿って行動してしまうというわけです。

　適切な抱負とは，「今年こそ，タバコを吸うことを断固としてやめる。その代わり，吸いたくなったときはいつでも，吸いたい気持ちがなくなるまで体操し，よく食べ，ガムを噛むことにする」というものです。この表現だと，自分がすることをはっきりとイメージでき，そのイメージに基づいて行動することができます。

　こんなことを想像してみてください。あなたが綱渡りのロープの上を細心の注意を払って歩いているとき，誰かがあなたに向かって「落ちないようにね！」と叫んだとします。あなたの頭には何をしているところが浮かびますか？　「落ちること」ですね。では，代わりに，別の人がこう叫んだらどうでしょう？「注意して，一歩一歩足元をよく見て！」。あなたは「注意して一歩一歩足元を見る」ことに考えを集中させ，それをイメージすることになります。

　ですから，自分や他の人に何かをするように言うときは，肯定的な言葉を使った文章で伝えることをお勧めします。「宿題を忘れないでね」よりも，「宿題を思い出してね」と言ってみてください。「夫が怒鳴っても，私は怒鳴らないようにしよう」と自分に言い聞かせるのではなく，「冷静になって，夫と問題について合理的に話し合うようにしよう」と言いかえてみてください。

　あなたの目標を，すべて肯定的な言葉を使って表わしてください。肯定的に表現された目標は，きっと何かをしているクリアなイメージにつながるはずです。

あなたの目標

　セラピストが言いたいことは，「あなたはどのような人生を送るべきか」とか，「あなたの目標は何に『すべき』なのか」ということではありません。RLTセラピストは，あなたが人生で何を手にしたいのかを知りたいのです。それがはっきりした後，目標を達成するために必要な

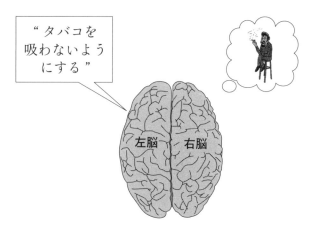

「タバコを吸わないようにする」という言葉は，
右脳では「タバコを吸うようにする」とインプットされます。
私たちは，右脳に浮かぶ画像（イメージ）に従って行動する傾向があります。

考え方や行動を取れるよう具体的にサポートします。

　あなたの目標はどれも重要です。なぜなら，目標があって，目標を達成するためにあなたが自分の気分を晴らす必要を実感し，その結果，自分の不快な感情に働きかけるようになるからです。たとえば，なぜ私たちは憂うつな気分になることを心配するのでしょう？　それは，憂うつな気分は，たとえそれが小さなものであっても目標の達成を妨げてしまうからです。

目標を設定するときの大切な注意点

セラピーにおける目標と人生の目標をあなたが書き出すときは，次のことが大切です。

内容を選んで目標を設定しないこと

　なぜなら，したいことではなく，可能だ（できるだろう）と考えることだけを書き出すクライエントが多いからです。目標が獲得できない，達成できないように思えても，あなたのしたいことをすべて書き出すことをお勧めします。海が一望できるお城が欲しいのなら，何も気にせず書いてください。宇宙飛行士になりたいのなら，ともかく書き出してください。実現可能なものだけではなく，あなたが本当にしたいこと，欲しいものを書き出してください。セラピストはあなたと一緒に目標リストを見直し，事実を踏まえて，何が可能で何が不可能かを決める手伝いをします。一見実現不可能に思われる目標は，「あなたにとって不可能であるべき」だから不可能に思われることがあるので，セラピストは実現不可能だと安易に結論づけることはしません。特にある目標があなたにとって他よりも重要であれば，あなたとセラピストは最終的に達成可能かどうか，その可能性をさらに調べることになります。

もし、「人生の目標」を決めることが難しければ、こう自問してみてください。「自分の人生を今とは違う人生にしたかったときが、これまでにあっただろうか？　もしあったなら、どのような人生にしようと望んでいただろう？」。また、こうも自問してください。「子どもの頃、大きくなったら何になりたいか尋ねられたら、どう答えていただろう？」。

　私たちは、実現不可能だと考えていたことが実現可能だとわかったとき、あるいは、達成が困難だと考えていた目標がそれほど難しくないとわかったとき、たいていはとても嬉しく感じます。時には、目標の達成には予想よりも努力しなければならないことがわかったりしますが、それは知ってよかった情報なのです。もし目標を達成したければ、やってみましょう！

　もうひとつ心にとめておいてほしいことは、あなたが目標や希望を書き出してまとめたリストは、「願い事リスト」であって、「しなければならないことリスト」や「自分が幸せになるための唯一の道リスト」ではないということです。このことはとても重要です。もし、目標を達成できなかったとしても、それは「願い事リスト」のひとつに過ぎないので、あなたが何か別のことで幸せを感じても一向にかまわないのです。だから、私はこの本のタイトルに「いつまでも健康で幸せに生きる！」とつけました。幸せにいたる道は実にさまざまだからです。

セラピーにおける目標
（例）

1. もっとこれをする
- スマートに女性をデートに誘う
- 心底「嫌だ」と思うときは「嫌だ」と言う
- 決められた日に課題を提出する
- 他の人がよくできたら褒めてあげる
- スーパーへ気分よく買い物に行く

これを減らす（またはまったくしない）
- 爪を噛む
- 怒って叫ぶ，毒づく
- 食べ過ぎる
- ぐずぐずと先延ばしにする

2. もっとこのような気分を感じる
（気分はひとつの言葉で表わしてください。
たとえば，幸せ，悲しい，わくわくする，
不安など）
- 幸せ
- わくわくする
- 落ち着く

このような気分をできるだけ感じないようにする（またはまったく感じない）
- 落ち込む
- 怒る
- イライラする

3. もっと体がこのように感じる
- エネルギッシュ，力がみなぎる

体ができるだけこう感じないようにする（またはまったく感じない）
- ひざが痛い
- 頭が痛い

4. もっとこのように考える

- 私には価値がある
- 自分の目標を達成することができる
- 一度私と知り合った女性は，私を好きになってくれる
- 物事が私の思い通りにならないからといって，怒らなければならないわけではない
- 誰かが私をちらっと見たからといって，その人が私のことを悪く思っているわけではない

なるべくこのように考えない（またはまったく考えない）

- 私には何の価値もない
- 私は役立たずだ
- 私は不細工で，私に会う人は皆そう思う
- 物事が私の思った通りにいかなければ，この世の終わりだ
- 私は人生で欲しいものを決して手に入れることはできない

5. もっとこのことを知る

- 車の修理の仕方
- キャリアを積みたいと思う仕事の見つけ方
- スマートに女性をデートに誘う方法
- 怒りの抑え方

このことを知ろうとする努力をなるべく止める（またはまったく止める）

- 他の人が私のことを何と言っているか，どう思っているか

セラピーにおける目標

1. もっとこれをする

    これを減らす（またはまったくしない）

2. もっとこのような気分を感じる
   （気分はひとつの言葉で表わしてください。
   たとえば，幸せ，悲しい，わくわくする，
   不安など）

    このような気分をできるだけ感じないよう
   にする（またはまったく感じない）

3. もっと体がこのように感じる

    体ができるだけこう感じないようにする
   （またはまったく感じない）

4. もっとこのように考える	なるべくこのように考えない（またはまったく考えない）
5. もっとこのことを知る	このことを知ろうとする努力をなるべく止める（またはまったく止める）

人生の目標
（例）

　この用紙に，あなたが人生で何を得たいか，あなたの長期目標を書き出してください。つまり，あなたが将来自分の人生を振り返ったとき，次のように言えるための目標です。「私は自分の人生が好きだ。なぜなら私は，（1）気に入ったところに住み，（2）好きな人と一緒に暮らし，（3）好きな仕事をして収入を得ており，ほぼ満足できる蓄えがあり，（4）好きなことをして余暇を過ごしているから」。

　ただし，実現の可能性があることだけを書き出すのは避けましょう。あなたが本当に，心から手に入れたいことを自由に書き出してください。

私が人生でしたいこと，人生で手にしたいこと	私にとっての重要度 少しだけ／ほどほどに／とても重要
● 海の近くに住む	とても重要
● 毎日海辺に行く	ほどほどに重要
● 妻と 2，3 人の子どもをもつ	とても重要
● 大きな庭のある素敵な家に住む	とても重要
● 弁護士として働く	とても重要
● 50 歳でリタイアする	ほどほどに重要
● 年収 1 千万を稼ぐ	ほどほどに重要
● 旅行へ出かけたり，スポーツ・イベントに参加したり，家族でいろいろなことをする	ほどほどに重要

何歳まで生きたいですか？ ＿＿＿80＿＿＿ 歳

人生の目標

この用紙に，あなたが人生で何を得たいか，あなたの長期目標を書き出してください。つまり，あなたが将来自分の人生を振り返ったとき，次のように言えるための目標です。「私は自分の人生が好きだ。なぜなら私は，(1) 気に入ったところに住み，(2) 好きな人と一緒に暮らし，(3) 好きな仕事をして収入を得ており，ほぼ満足できる蓄えがあり，(4) 好きなことをして余暇を過ごしているから」。

ただし，実現の可能性があることだけを書き出すのは避けましょう。あなたが本当に，心から手に入れたいことを自由に書き出してください。

私が人生でしたいこと，人生で手にしたいこと　　　私にとっての重要度
　　　　　　　　　　　　　　　　　　　　　　　　少しだけ／ほどほどに／とても重要

何歳まで生きたいですか？＿＿＿＿＿＿歳

私がしたいこと，避けたいこと
（例）

　この用紙に，あなたができるだけしたいこと，できるだけ避けたいことを書き出してください。少し時間をかけて考えをまとめてみましょう。このワークシートは，あなたが幸せな日々を送るためのガイドとして使うことができます。心に浮かんだこと全部を書き出してみましょう。

できるだけしたいこと

- 妻と過ごす時間をたくさんもつ
- 子どもたちと過ごす時間をたくさんもつ
- サッカーの試合，スポーツ・イベントに行く
- 釣りをする
- お気に入りのパスタを食べる
- お気に入りのテレビ番組を観る
- 面白い冗談で笑う
- 良い本を読む
- 美味しいコーヒーを飲む

できるだけ避けたいこと

- 風邪に伴う頭痛
- 1日8時間以上働く
- 交通渋滞に巻き込まれる
- 竜巻
- 台風
- 氷結した道路
- 交通事故
- 人間関係の衝突
- のぞき見テレビ番組
- 風邪／インフルエンザ
- 怒鳴られる
- 猫用トイレのそうじ

私がしたいこと，避けたいこと

　この用紙に，あなたができるだけしたいこと，できるだけ避けたいことを書き出してください。少し時間をかけて考えをまとめてみましょう。このワークシートは，あなたが幸せな日々を送るためのガイドとして使うことができます。心に浮かんだこと全部を書き出してみましょう。

できるだけしたいこと

できるだけ避けたいこと

感情と行動のパターン表
（例）

書き方：望んでいない感情を感じたり、望まない行動を取ったり、あるいは自分にとって問題だと確信していることがあるなら、最初に、左の欄に、何が起こったのか、どうしたのか、そのときあなたは何をしていたのか、その出来事について何を考えていたのかを書いてください。次に、真ん中の欄にその出来事が起こったとき、あなたの頭のなかをよぎったことを書いてください。最後に、右の欄に、それからあなたはどのように感じ、行動したのかを書き出してください。

何が起こったのか、どうしたのか 私は何をしたのか 私はそれについて何を考えたのか	私の頭のなかをよぎったこと	どのように感じたか、何をしたか
● 上司が私を解雇すると告げた	● 「どうしてこの人は私にこんなことを言えるんだろう？ ここで20年も働いてきたのに！ いくら上司でもこんなことを言うべきじゃないだろう！ 私はもう家族を養えない」	● 怒って、それからうつ気分になった 家に帰ってベッドにもぐりこんだ
● 妻が私に「もっと良い仕事を見つけなければ別れる」と言った	● 「どうして彼女は私にこんなことが言えるんだ？ こんなプレッシャーをかけるなんて我慢できない！」	● 怒って、それから不安になった 妻に怒鳴り散らした

感情と行動のパターン表

書き方：望んでいない感情を感じたり、望まない行動を取ったり、あるいは自分にとって問題だと確信していることがあるなら、最初に、左の欄に、何が起こったのか、どうしたのか、そのときあなたは何をしていたのか、その出来事について何を考えていたのかを書いてください。次に、真ん中の欄にその出来事が起こったとき、あなたの頭のなかをよぎったことを書いてください。最後に、右の欄に、それからあなたはどのように感じ、行動したのかを書き出してください。

何が起こったのか、どうしたのか 私は何をしたのか 私はそれについて何を考えたのか	私の頭のなかをよぎったこと	どのように感じたか、何をしたか

第1章

「あっという間にすっきり！」をめざしましょう

　脳の機能を最大限高めることは，現在の科学にはできません。これは，精神科医のモールツビーが強調しつづけている点です。その証拠に，脳は苦しくてたまらない感情も生み出してしまいます。ですが，脳は「感情をコントロールする器官」でもあります。だから，気分を晴らすために脳をうまく使うことは理にかなっています。

　後で詳しく説明しますが，効果が証明されているストレス解消法や気分改善テクニックを練習すれば，たいてい気分は穏やかになります。

いつでも，どこでも役に立つ視点

　あなたが望まない状況でも，それを合理的に受け入れるための「詩」をモールツビーはつくっています。

> 　もし，私が見たくない，知りたくないことであるとしても
> 　私がもっと望ましい状態にもっていくまで
> 　自然に温かく優しい笑顔を顔にたたえて
> 　喜んで穏やかな気持ちでいよう
> 　私が自然に喜び，穏やかな気持ちになるまで
> 　ゆったりと落ち着いたリズムで呼吸を続けよう
> 　それが今できる最善のことだと，私は思うから

　どんな状況でもこの詩を思い出して安心できるように暗記してしまうことを，私は皆さんにお勧めしています。

　どうして「温かく優しい笑顔」が必要なのでしょう？　脳の研究によると，顔の表情は脳内の感情誘発物質を活性化します。まゆをひそめると，悲しみの感情が生まれます。微笑むと，何も幸せなことがなくても，幸せな感情が湧きやすくなります。あなたが笑いたくないと感じていても，「モナ・リザの微笑」をまねることはできます。辛くてもあえて微笑むことで，ポジティブな明るい感情を生み出すこともできるのです。

体の健康について……ご自愛ください！

　あなたの感情は，あなたの体内で化学的，電気的変化が起きた結果です。この変化は多くの

要因から影響を受けます。後の章では，あなたが脳に変化を生み出す指示を実際に出し，その結果，どう感じ，どう行動するようになるかを学びます。

体の健康に気をつけることは「健全な心」をもつことにつながります。次に，ビタミンやハーブと，良い感情状態でいられる健康な体を支えるためのテクニックをリストアップしました。ただし，本書で紹介しているビタミンなどの補助剤を摂る前に，かかりつけ医に必ず相談してください。特に，あなたがすでに何らかの薬物治療を受けている場合は，必ず主治医からの指示をもらってください。

ビタミンとハーブ

健康な脳には，気分を晴らし，行動を改善するための物質がすべて備わっています。医師は化学物質（つまり薬）を処方しますが，向精神薬が不必要なこともあります。ただし，ひどい疲労感があったり集中力が欠如したりする場合や，統合失調症や双極性障害の場合は，向精神薬の力を必ず借りてください。

本書で紹介するビタミンやハーブも，通常はあえて摂る必要はないものです。しかし，それらの効果を知ると，脳や体の健康のために何ができるのかを理解できます。そうなれば，効果的なセルフ・カウンセリングの補助としてビタミンやハーブをうまく使えるようになります。

以下に挙げるビタミン，ハーブ，アミノ酸，その他の補助食品は，薬と同じような効果（時にはそれ以上の効果）があります。また，薬と同時に服用しても副作用がありません。これらの補助剤は健康食品店で入手できます。

ビタミン B 群──正常な神経機能に必須なビタミン

ビタミン B 群（B_1，B_2，B_3，B_5，B_6，B_{12}，葉酸）は，正常な神経機能のために必須なビタミンです。ビタミン B 群は新陳代謝にも大切な働きをします。しかし，心理的苦痛はビタミン B 群を体から奪う傾向があり，それはイライラ感や食欲の減退につながることもあります。したがって，総合的医療を考える医師の多くは，心理的苦痛が続いている人にビタミン B 補助剤（たいていは「ビタミン B 複合体」）の服用を勧めています（Whitaker, 1995）。

抗酸化ビタミン，ミネラル，ハーブ

抗酸化剤は，遊離基によって細胞が傷つけられることを防いでくれる物質です。遊離基はとても反応が早く，細胞に付着して傷をつける分子です。この傷のことを酸化といいます。りんごを半分に切って 1 時間置くと，酸化する様子がよくわかります。1 時間前は白かったりんごの断面が茶色に変色しています。この状態が，抗酸化栄養素によって十分に身体が保護されなかったときに体内で起こる変化です。

遊離基は 2 つの体の病気を（少なくとも部分的に）引き起こしたり悪化させたりする原因になります。その病気とは，心臓疾患と癌です。コレステロールが心臓疾患を引き起こす原因として大きな注目を集めていますが，コレステロールが遊離基によって変化すると，動脈の壁

をさらに傷つけやすくなるという研究者もいます。したがって，遊離基による変化や損傷からコレステロールと動脈を守ることが，心臓疾患を防ぐために重要なことなのです（Whitaker, 1995）。

　私たちの体は，体内と体外の両方から作られる遊離基に日々さらされています。遊離基自体は正常な生体活動による副産物なので，私たちはそれから逃げることができません。しかし，遊離基の発生源へ接触しないようにすることで，遊離基にさらされる機会を減らすことはできます。遊離基の発生源とは，アルコール，タバコ（受動禁煙を含みます），電磁気（電気毛布も含まれます），公害を引き起こす物質，揚げた食べ物，そして心理的ストレスです。「感情的ストレス」は，体が大量の遊離基をつくりだす原因になります。ですから，多くの研究者が，ストレスは私たちの健康に影響を及ぼすと言っているのです。タバコを毎日ものすごい勢いで吸っている人は，同じ年齢の人よりも老けて見えることが多いものです。彼らは，ちょうど茶色に酸化したりんごの断面と同じ状態になっています。肌荒れを見れば，遊離基が私たちの体に影響を与えていることがはっきりわかります。

　主要な抗酸化栄養素は，ビタミン C と E です。これらの栄養素は普通の食事からも摂れますが，その量は遊離基の攻撃から身を守れるほど十分ではありません。したがって，総合的医療を考える医師は，抗酸化補助剤を毎日服用すること（通常，ビタミン C を 500 mg，ビタミン E を 400 ie）と，遊離基の発生源を避けるように勧めています（Whitaker, 1995）。

オメガ 3 脂肪酸
　オメガ 3 脂肪酸は，心臓血管系組織に良い影響を与え，HDL コレステロール（「善玉」コレステロール）の値を上昇させるため，近年注目されています。また，私たちの「感情の健康」を改善させることもわかってきました。

　オメガ 3 脂肪酸は，抗うつ薬を服用しているにもかかわらずうつ状態が続いている患者さんの治療に有効だと言われています（Peer and Horrobin, 2002）。シュミットは，オメガ 3 脂肪酸が「ドーパミン」と呼ばれる脳内神経伝達物質を 40% も増加させると報告しています（Schmidt, 1997）。このドーパミンには，うつ状態に対抗する作用があると言われています。

　オメガ 3 脂肪酸は魚油と亜麻油から採取されます。私は好んで亜麻油カプセルを服用していますが，脳内で効果が出るのは約 3 分の 1 の人だけだと言われています（Ross, 2002）。研究者のロスは，1 日 2g の魚油を摂ることを勧めています（Ross, 2002）。

うつ症状改善への自然なお手伝い
　ここで紹介される自然物質は，うつ症状を改善させるためにある程度は役に立ちますが，本書で詳しく説明される合理的セルフ・カウンセリングの代わりになるものではないことにご注意ください。

L－チロシン

L－チロシンはアミノ酸の一種です。L－チロシンはうつ症状を和らげる効果があるのと同時に，抗うつ薬である SSRI（選択的セロトニン再取り込み阻害薬）の副作用を抑える可能性があると言われています（Werbach, 1991）。次の表には，アメリカで一般的に処方される SSRI を挙げてあります。

アメリカで一般的に処方される SSRI

- プロザック
- セロメックス
- フォンテックス（ジェネリック医療品：フルオキセチン）
- パキシル
- セロクザット
- オピタルアロパックス（ジェネリック医療品：パロキセチン）
- セレクサ
- シプラミル

- エモカル
- セプラム（ジェネリック医薬品：シタロプラム）
- ルボックスフェバリン（ジェネリック医薬品：フルボキサミン）
- レクサプロ（ジェネリック医薬品：エスチタロプラム）
- ウェルバーティン（ジェネリック医薬品：ブプロピオン）
- エフェクサー（ジェネリック医薬品：ベンラファクシン）
- ゾロフト（ジェネリック医薬品：セルトラリン）

L－チロシンは，SSRI の一般的副作用である「低エネルギー症」に有効です（Korf et al., 1983）。セロトニンは神経伝達物質であり，脳内の自然興奮剤であるカテコールアミンの拮抗物質です。医師は SSRI を患者の脳内のセロトニンを増やすために処方します。しかし，SSRI によってセロトニンを増やすと，カテコールアミンは最大60％まで低下します。カテコールアミンが減少すると，「低エネルギー症」，無気力，けいれん，チック症状，性機能不全が生じる可能性があります。

ロスによると，L－チロシンはカテコールアミン量を改善することでセロトニンとカテコールアミンとのバランスを回復させます（Ross, 2002）。朝から午後3時頃までに 500 ～ 1,000mg を服用することがアメリカでは勧められています。アミノ酸は空腹時に一番よく吸収されます。

ただし，服用にあたっては，主治医に相談してください。特に，もし SSRI で副作用が出現したことがあるなら，主治医と必ず話し合ってください。また，L－チロシンとモノアミンオキシターゼ阻害剤（SSRI とは別のタイプの抗うつ薬）との間に悪い反応が起こる可能性がありますので注意してください〔訳注：日本ではモノアミンオキシダーゼ阻害剤は使われていません〕。

トモエソウ（セントジョーンズワート）

トモエソウは，その抗うつ作用についてよく研究されているハーブです。効果はプロザックと同じくらい（Schrader, 2000），ゾロフトよりも効果的（Brenner et al., 2000）だと言われています。トモエソウのもうひとつの長所は，抗ウイルス作用があると考えられる点です。

1回につき 300mg，1日に3回の服用が勧められています（Ross, 2002；Whitaker, 1995）。トモエソウに含まれるオトギリソウという物質は強い抗うつ作用をもつので，含有量が基準値である 0.3％であることを購入時に確認してください。

これも，服用する前に必ず主治医に相談してください。トモエソウと他の薬との間には相互作用があることがわかっています。たとえばピル（避妊効果の減少）や，血液の抗凝固薬（トモエソウにも血液の抗凝固作用があります），他の抗うつ薬などです。また，トモエソウ服用で太陽光に過敏になり，皮膚に副作用が生じることもあります。

5-HTP

5-HTP を補給すると，急速に気分が改善します。時には数時間以内で効果が出ることもあります（Ross, 2002）。これは，5-HTP がセロトニンの量を引き上げるためだと考えられています。プロザックの製造会社のイーライ・リリーは，プロザックに 5-HTP を加えた臨床研究をしています。プロザックのみ服用した場合はセロトニンの活動の向上率が 150% であったのに対し，プロザックに 5-HTP を加えた場合は 650% まで向上したという報告もあります。

5-HTP とルボックスとの比較研究では，ルボックスが 62% の患者さんのうつ症状を改善したのに対し，5-HTP では 68% の患者さんが改善しました（Poldinger et al., 1991）。

ロスは，午後 3 時頃に 50mg を服用することから始めるように勧めています（Ross, 2002）。もし，あまり効果が見られないようなら，さらに 50mg を 1 時間後に服用します。必要であれば，3回目の 50mg を 1 時間後に服用してもよいとされています。いずれの方法でも，望ましい効果が出たら，午後 9 時半にもう一度，50 〜 150mg を服用します。

5-HTP の性機能への悪影響はまったくないと言われています（Benkert, 1975；1976）。一方，SSRI では，服用者の 50 〜 70% に何らかの性機能障害が出現すると言われています。5-HTP はプラシーボ（偽薬）よりも副作用が少ないという報告もいくつか出されています（Ross, 2002）。もちろん，服用開始前に必ず主治医に相談してください。なお，モノアミンオキシターゼ阻害剤とは望ましくない相互作用があると言われています。

不安症状改善への自然なお手伝い

不安症状を和らげる薬もたくさん開発されていますが，多くの薬は費用もかさみます。これからご紹介する自然物質は，依存が生じず，同時にとても有効です。ただし，これらの服用を始める前に必ず医師に相談してください。特に，すでに薬物療法を受けている場合や，薬（たとえば，心臓に対するベータ・ブロッカーや，アレルギーに対する抗ヒスタミン薬）によって強い眠気が出たことがある場合は，必ず主治医に相談してください。

カルシウム

カルシウムは筋弛緩剤であり，鎮静剤でもあります。リラックスした感じや眠気を引き起こします。ある特定のタイプやブランドが優れていると言われていますが，基本的にはどれも同じです。ロスは毎日 500 〜 1,000mg の服用を勧めています（Ross, 2002）。何度も繰り返しますが，カルシウム剤の服用も，事前に主治医の許可を得てください。

また，注意していただきたいのは，カルシウム剤が他の栄養素や薬の吸収を妨げる可能性が

あるということです。したがって，カルシウム剤は，他の薬やビタミン剤を服用する少なくとも4時間前か後に服用するようにしてください。

ガンマ（γ）アミノ酪酸（GABA）

ガンマ（γ）アミノ酪酸（GABA）は，「天然の精神安定剤」だと言われています（Ross, 2002）。いわゆる抗不安薬の多くは，GABAの自然な沈静効果を見習って開発されました。

GABAはアミノ酸であり，抑制性神経伝達物質としてアドレナリンの生成を抑えます。アドレナリンは私たちが何か脅威に直面したときに，心拍数や呼吸数を上げ，筋肉を緊張させるホルモンです。GABAを予防的に服用することでストレス反応を防ぐ効果もあると言われています。

ロスは1回500〜1,000mgを1日に1〜3回服用することを勧めています（Ross, 2002）。繰り返しますが，服用前に主治医に必ず相談してください。

吉草根

吉草根はいくらか腐敗臭のあるハーブで，強い鎮静作用があります。安全で優れた抗不安物質です（Bloomfield, 1998）。1995年に，アメリカ・ユタ州に住む女性が，医師が定めた服用量の20倍もの吉草根を飲んで自殺を図りましたが，翌日，命に危険がないということで退院になっています。

さらに，吉草根は，眠気を誘いやすく，悪夢も減らすようです。

ブルームフィールドは，吉根草を鎮静剤として就寝1時間前に300〜900mg服用することを勧めています（Bloomfield, 1998）。その効果は服用量を増やすごとに増加します。したがって，望ましい効果が現われるまで，製造会社の指示にしたがって服用してください。

カモミール

カモミールは，吉草根とならんで優れた安全な抗不安作用をもつハーブです（Bloomfield, 1998）。このハーブは，ハーブティとしてよく飲まれています。

抗不安作用の他に抗けいれん作用もあり，生理痛を和らげる働きもあります。また，吐き気やむかつきなどにも大変効果的です。寝る前に温かいカモミールティを飲むと深く眠れるようにもなります。

カモミールの効果も服用量によります。あなたが望む効果が出るまでにどの程度の量が必要かを見極めるために，いろいろと試してみる必要があります。ただし，クラモドキ（ブタクサ属の植物）に対するアレルギーがある場合は避けてください。また，7日以上続けてカモミールを摂取することも避けてください。クラモドキ・アレルギーを引き起こす可能性が強まります。

アレルギーは時として精神症状を引き起こす

ウィリアム・クルック博士の本『育てるのが難しいあなたの子どもの謎を解く』（*Solving the*

Puzzle of Your Hard-To-Raise Child）は，メンタルヘルスの専門家の必読書です。この本のなかでクルック博士は，アレルギーは精神症状を生じさせる可能性があり，精神障害と誤診されることがある，とはっきり書いています。

　アレルギーは，不安症状（イライラ感，目まい，吐き気・むかつき，混乱），うつ症状（疲労，倦怠感，脱力感），チック，震え，トゥレット症候群（突然大声を出したり，けいれん様の動作を繰り返したりする脳の障害）のような症状を生じさせる可能性があります（Crook, 1987）。

　クルック博士によると，アレルギー症状には以下のものが含まれます。

- 顔色不良
- 目の下のクマ（「アレルギー的あざ」とも呼ばれます）
- 鼻づまり
- アレルギー的開口（鼻が詰まって口を開けっ放しにすることです）
- 頭痛（特に額のあたりの痛み）
- 疲労または眠気
- 集中力の欠如
- 注意力の散漫
- 過剰な活動性
- 吐き気または胃腸の不快感
- 筋肉痛

　これらの症状は，うつ病か不安障害，またはその両方だという印象を与えます。もちろん，こうした精神障害には注意しなければなりません。抑うつ気分や不安感があり，何に対しても心が動かないときには，ことさら注意が必要です。

　しかし，医師にアレルギー・テストをしてもらい，（もし必要なら）アレルギーの治療をしてもらうことも大切です。あなたが何か特別な問題を抱え，そのために心理療法を受けることになった場合，アレルギー反応は物事を一層悪くしてしまう可能性がありますから。

｜睡眠

　人間である以上，誰でも睡眠不足が続くと何らかの症状が出てきます。疲労感，イライラ感，怒り，という場合が多いでしょう。十分な睡眠は，望ましい精神的・身体的健康を維持するために必要な条件のひとつです。十分な睡眠を取らないと，多くの体の問題が起こります。睡眠不足の結果として生じる疲労感は，物事を上手く処理するエネルギーを低下させ，些細な問題を破滅的な問題だと思いこませてしまいます。

　多くの人は自分の睡眠スケジュールを真剣に考える必要はないと思っています。しかし，睡眠を取ることは，いわば私たちのエネルギーを再充電するようなものです。電気機器と同じように，私たちもエネルギーが少なくなれば動くペースが落ちて，最終的には止まってしまいます。

私たちは大きな心配ごとや恐怖があると眠りづらくなります。熟睡できなくなったり，断続的に起きてしまったりすることもあります。

　質の良い睡眠を取るためには次のことに注意しましょう。

(1) 睡眠時間は6時間から8時間を確保しましょう。

(2) 規則的な睡眠スケジュールを保ちましょう。そうすれば，眠る時間を体が覚えます。

(3) 真夜中に心配事を考えても，その問題に対して何か行動を起こさない限り無意味です。ですから，何か他のこと，たとえば音楽を聴くなどして，眠れるまで気分を紛らわせたほうが得策です。

(4) 主治医の了解を得て，安全に自然に入眠できるよう，カモミールや吉草根を試してみてください。

運動／エクササイズ

　運動することは，私たちの感情を改善させることができる大変有益な方法です。まず，運動することで多種類のホルモンがたくさん分泌され，エネルギー感や健康感を生み出す化学物質の合成が促進されます。逆に，運動をしなかったり，活動的でなかったりすると，反対の結果になります。つまり，倦怠感，無気力感，抑うつ気分などが現われます。テレビを一日中観ていたり，寝転がって一日過ごしたりしてしまうと，運動した日よりも疲れを感じることがあるのはそのためです。

　次に，運動は，不安を感じたり気分が落ち込んだりしたときに体内でつくりだされる化学的副産物を「燃焼させる」ことに役立ちます。こうした副産物は，何もしなければ体内にたまってしまいます。さらに，楽しく運動できると，運動すること自体が楽しみになります。主治医の許可のもとで，日常的に軽い運動をすることをお勧めします。あなたにとって何が最善の運動プログラムかを主治医に尋ねてみてください。仲間を見つけて，ウェイト・トレーニングや散歩をしてみる，エアロビクスやヨガ教室に参加してみるのも良いでしょう。社会的活動の幅を広げることも，体と心のケアにとってとても大切です。

　ある研究チームは，定期的な運動が多くのうつ病患者に抗うつ薬と同じような効果をもたらすと報告しています（Blumenthal et al., 1999）。この研究チームは，156人のうつ病の高齢者を，ゾロフトを服用するグループ，1回30分週3回の運動をするグループ，両方を行なうグループ，という3つに分けて効果を比較しました。研究リーダーのブルーメンタールは「うつ病の高齢者にとって，適度な運動プログラムは有効な治療法となる。特に定期的に運動すると，その効果は持続する」と言っています。彼らは，その後6カ月間調査を継続し，運動のみでゾロフトを服用しなかったグループが，他の2つのグループよりも回復したことを明らかにしました（Blumenthal et al., 1999）。

　運動（特にウエイト・トレーニング）は自信にもつながります。力強さとスタミナが向上することは，自分には直面する問題を処理する力があるという感覚につながるからです。

第 1 章 「あっという間にすっきり！」をめざしましょう │ 039

│ 過度のアルコール，タバコ，カフェイン摂取の節制

　アルコールは中枢神経の活動を抑制する物質です。抑うつ気分や倦怠感があるなら，アルコールはもっと気分を落ち込ませ，疲れさせます。たしかに，多くの人がお酒で気分を晴らそうとします。しかし，酔っ払って一時的に気分が良くなっても，二日酔いや疲労感だけでなく，社会的な問題や仕事上の問題などが生じる可能性があります。あなたの最大の関心事は，問題を解決するために可能な限りすべての情報を集めることのはずです。度を超えてお酒を飲むと，問題を処理する能力が低下するだけです。

　不安感が続いているのなら，タバコとカフェインを避けてください。この 2 つの物質を不安感があるときに摂取するのは，まるで火に油を注ぐようなものです。タバコを吸えば，一酸化炭素がつくりだされます。一酸化炭素はあなたの体から酸素を奪います。体から酸素が奪われると，私たちは倦怠感や無気力感を感じます。タバコはシアン化物もつくりだします。この物質は「ガス処刑室」で使われたものと同じです。禁煙のための方法として著者が開発した「薬不用の禁煙プログラム」（The Drug-Free Smoking Cure®）も効果的です。興味のある方は，第 12 章の連絡先をご覧ください。

│ 日常生活での出来事

　1960 年代の終わりに，日常生活のどの出来事が一番大きなストレスを引き起こすのかを定めるために，ストレス・マネジメント（ストレス管理）研究が始まりました（Holmes and Rahe, 1967）。この研究により，ストレスによる心理的危機を予想し，困難に陥っている人たちを支援できると考えられました。

　ホームズとラーエは，日常生活上の出来事に関する人々の評価を，「生活の危機単位」（Life Crisis Units：LCU's）を用いて研究しました。次の表は，その評価を数字で表わしたものです。

　ホームズとラーエは，ストレスを「変化に対する体の適応」と定義しました。私たちがあるライフ・イベント（生活上の出来事）に遭遇すると，体はストレスを経験します。そのライフ・イベントがポジティブなものであっても，ネガティブなものであっても，それに対して体は適応を求められます。結婚というイベントのほうが，交通違反切符を切られるというイベントよりも適応に時間がかかるだけです。

　ホームズとラーエは，私たちが体の病気になってしまう可能性は，一定の期間内にどれだけ大きな変化量を経験するかによることを発見しました。より多くのストレスを経験すれば，体の病気になる可能性はより大きくなります。

　人間の体は，秩序があってこそ成長し，変化に対応できます。ある変化が良いものに見えても（たとえば，宝くじで 1 億円当たること），悪いものに見えても（たとえば，配偶者が亡くなること），体はその変化の内容に関係なく対応しなければなりません。

　日常生活のちょっとした変化でさえストレスを生み出します。通勤でいつもと違う道を通ることや，いつもとは違う時間に起きることもストレスを生み出します。生活が不規則であればあるほど，私たちはよりストレスを経験するというわけです。

さまざまなライフ・イベントによるストレス変化量ランキング (Holmes and Ruch, 1971)			
出来事	LCU's	出来事	LCU's
配偶者の死	100	仕事での責任の変化	29
離婚	73	息子・娘が家を出ること	29
別れ	65	義理の家族とのトラブル	29
服役期間	63	目立った個人的目標達成	28
親しい家族の死	63	配偶者の就職・離職	26
自分自身の病気またはケガ	53	学校・大学の授業の開始・終了	26
結婚	50	生活条件の変化	25
解雇	47	個人的習慣の変化	24
夫婦間の和解	45	上司とのトラブル	23
退職・引退	45	仕事時間・条件の変化	20
家族の健康の変化	44	住む場所の変化	20
妊娠	40	学校・大学の変更	20
性的不能・困難	39	休養の仕方の変化	19
新しい家族の受け入れ	39	教会活動の変化	19
仕事への再適応	38	社会活動の変化	18
財政状態の変化	38	中程度の住宅ローン・借金	17
親友の死	37	睡眠習慣の変化	16
違う系統の仕事への適応	36	家族の集まりへの人数の変化	15
配偶者との口論回数の変化	35	食習慣の変化	15
多額な住宅ローン・借金	30	休日	13
担保住宅の質流れ	30	クリスマス	12
		ささいな法律違反	11

　したがって，規則正しい睡眠，食事，運動，入浴，仕事，休息，レクリエーションなど，その他の活動を継続的に行ないましょう。そうすれば，あなたの体はあなたに感謝します。体が心地よいと感じれば，精神的にも心地よいと感じやすくなるものです。

第2章
セラピーを妨げるもの

もし，今まで通りのやり方を続けていたら，
何ひとつ新しいことを手に入れることはできません

　セラピーを受ける人の心理的な問題が，セラピーの進行を遅らせることがあります。たとえば，変化に対する不安，変化に対応する自分の能力への不信感，生物的・環境的要因などです。本章では，多くの人に共通する問題を取り上げます。また，この問題をどのように乗り越えるかについても説明します。

　本章に書かれていることは，あなたには何の関係もないかもしれませんし，一部関係するかもしれません。どちらにしても，気づいたことがあれば，次回のセッションでセラピストと話し合ってみてください。

｜「セラピーを受けたくない」という態度

　これは，クライエントが「セラピーを強制的に受けさせられている」と感じていると現われる態度です。クライエントが「セラピーを受けたくない」と言ったら，私はこう答えます。「セラピー自体は面白いものでもないし，皆が希望するものでもありません。でも，セラピーは，私たちが本当にほしいものを探すのに役立つと思いますよ」。

　私たちは何かを「したいと思わなければならない」と思い込んで，知らないうちに混乱していることがあります。私たちは，本当はしたくないこと（たとえば，仕事）をいろいろとしていますが，何かを得たいからそれらをやっているわけです（たとえば，お金）。

　私は，この原則を，自分の習慣を何とかしたいと思っている人，たとえばタバコを止めたい人に使います。多くの人は，「禁煙するには，『吸うのを止めたい』と思わなければだめなんだ」と思い込んでいます。もしそれが真実なら，禁煙できる人はごくごく少数派になるでしょう。喫煙者が本当に望んでいることは，タバコを吸っても，その結果にわずらわされないことです。したがって，禁煙よりももっと他のことを自分は欲しているのだと気づかなければ禁煙できません。

　もし，あなたの注意が「セラピーを受けたくない」ことに向かってしまうのなら，おそらくそれは，目標（あなたが「自分の人生で何を手にしたいか」ということです）と，目標の達成にセラピーが役立つこと，その両方がはっきりわかっていないからでしょう。セラピストは，この両方をはっきりさせてくれます。あなたが，人生で手にしたいことをセラピーなしで手に入れられるのなら，それはそれで素晴らしいことです。しかし，セラピストは目標を達成しやすく

する方法を知っています。それをセラピストと共有しても問題はないと思いますが，いかがでしょう？

認知と感情の不一致，胸の奥での直感

認知と感情の不一致とは，慣れないことをしたり，馴染みのない考え方や感情を抱いたりすると，私たちの胸の奥で生じる変な感覚を指します。それは何となく気持ち悪くて，「間違っている感じ」がします。

たとえば，利き手とは反対の手で字を書こうとすると，上手に書けないだけでなく，変な感じ，間違っている感じがしませんか？　この変な感じが，「認知感情不一致」と呼ばれるものです。

私たちは，何か不慣れなことをしたり，馴染みのない考え方や感情を抱いたり，不慣れな状況に置かれたりしたときにはいつでも，認知感情不一致を体験します。

- 20 年間の結婚生活が破綻して，ひとり暮らしになる。
- ずっと肉を食べてきたのに，ベジタリアン・フードを食べるようになる。
- 新しい家に引っ越す。
- 新しい会社で働きはじめる。
- 何年間もうつ気分だったのに，今は幸せを感じる。
- 沈黙することに慣れているのに，自己主張してみる。
- ずっとつつましく暮らしてきたのに，突然大金を手に入れる。
- ずっと自分は頭が悪いと思っていたのに，実は頭がいいんじゃないかと考える。
- 今までとは違う教会に行ってみる。あるいは，宗旨替えしてみる。
- ずっと他の人からぞんざいに扱われてきたのに，とても大切にしてくれる人が現われる。

これらは，認知感情不一致を味わう状況の例です。

「胸の奥での直感」を信じることは，言い換えると「感情が私の考えていることを正しいと証明してくれる，感情が言うことは正しい」という誤った信念をもっているということです。

「胸の奥での直感」によると——

もし，違っていると感じたら，それは間違っているに違いない。
もし，正しいと感じたら，それは正しいに違いない。
もし，恐れを感じたら，私は危険な状況にいるに違いない。
もし，うつ気分を感じたら，状況は悪いに違いない。

しかし，感情は，「何かを考えると，その気分／感情が生じる」ことを証明しているだけです。感情は，私たちが正しいか間違っているか，私たちの置かれている状況が良いか悪いか，については判断も証明もしてくれません。したがって——

それが違っていると感じるからというだけで，それが間違っているというわけではない。

それが正しいと感じるからというだけで，それが正しいというわけではない。

恐ろしいと感じるからというだけで，危険な状況にいるとは限らない。

うつ気分を感じるからというだけで，状況が実際に悪いとは限らない。

このように，「感情は正しいか誤っているかを証明できない」ことに気づけば，セラピーで注意しなければならないことも自然とわかります。セラピストが言うことに対して，あなたは奇妙で間違っているような感じを抱くかもしれません。また，今までの行動や感情を変えてしまうことが，奇妙で間違っているように感じるかもしれません。今までとは違うライフ・スタイルを取り入れることも，奇妙で間違っているという印象をあなたに与えるでしょう。もし，「違っているように感じるから，これは間違っているに違いない」と考えてしまえば，あなたはセラピストから提案されたことをすぐにでも拒否することになります。

この「間違っている感じ」からはっきりわかるのは，あなたがその新しい考え方，感じ方，行動の仕方に慣れていないというだけのことです。

認知感情不一致を取り去る方法はただひとつ，練習することです。新しい考え方，感じ方，行動の仕方を練習すればするほど，「ああ，やっぱり正しかったんだ」と感じられるようになります。利き手ではないほうの手で書く練習をすればするほど，違和感が早くなくなることと同じなのです。

セラピストから伝えられる新しい情報で湧き起こる瞬間的でネガティブな感情は，認知感情不一致の結果かもしれません。ですから，新しい考え方にチャンスを与えてみてください。

こんな例があります。ある日，私が自宅でテレビを観ていたら，画面に大きなバルコニーが映りました。何分か経って，ひとりの男性がそのバルコニーに出てきました。それは新しいローマ教皇ベネディクト16世でした。そのときの私の瞬間的な反応はこうでした。「あんまり好きじゃないな」。ローマ教皇はひとこともしゃべりませんでしたが，私は彼に対してネガティブな反応をしていたのです。だから，「アルド，どうして好きじゃないんだい？」と私は自分に問いかけてみました。すると，私のなかで認知感情不一致が起こっていたことに気づきました。それ以前の26年間は，同じバルコニーにヨハネ・パウロ2世が姿を見せていたのです。彼以外の男性がバルコニーに出てくるのを見て，何かが変で間違っているという感覚が私のなかで起きたのです。そこで私は，新しい教皇に私が慣れるチャンスを与えるように，自分に言い聞かせました。

健康で正常な抵抗

セラピストの提案に対してクライエントが「健康で正常な抵抗」を示すのはどんなときでしょう？　どんなときセラピストは間違うのでしょう？　どのように間違うのでしょう？

セラピストは，クライエントに関する最初のアセスメントを間違ってしまうことがあります。場合によっては，クライエントが抱える問題の深刻さや問題そのものについても読み間違える

ことがあります。最も間違えやすい部分は問題の原因についてです。

ふたりの人間がコミュニケーションを行なうときは，いつでも，誤解が生じる可能性があります。そしてこのことは，治療上のコミュニケーションにもあてはまります。

セラピストが何を言い，何を提案するかによりますが，もし治療の方向性が間違っているように感じたら，あなたの印象をセラピストに必ず伝えてください。優れたセラピストは，あなたが正直な気持ちを伝えても，気分を害したり，動揺したりはしません。セラピストの目的は，あなたが目標を達成できるようにサポートすることであって，自分に従わせることではないのですから。

｜ 不快感への恐れ

不快感への恐れは，セラピーにおける最も強い抵抗のひとつです。これは，「心が動揺することには耐えられない」という思い込みに基づいています。この思い込みは，動揺を生み出すものすべてを避けるという行動につながります。不快感を恐れるクライエントは，重要な事柄でも話し合うことを嫌がります。そのため，事態を改善させることが難しくなってしまうのです。

もしあなたが，動揺することを嫌がって話し合うことを渋っているのなら，次の「症状によるストレス」が，あなたにとって重要な問題になります。

｜ 症状によるストレス

多くの人が，感情が揺れたこと自体に動揺してしまいます。アルバート・エリス博士は，これを「症状によるストレス」と呼びました（Ellis, 2002）。症状によるストレスには次のようなものがあります。

- 気分が沈んでいるから，うつ気分になる。
- 気分が沈んでいるから，不安になる。
- 不安を感じているから，うつ気分になる。
- 不安を感じているから，不安になる。
- 精神的に混乱することに，恐れを感じる。
- 神経衰弱になることに，恐れを感じる。
- 心のコントロールを失うことに，恐れを感じる。
- 入院しなければならないことに，恐れを感じる。
- これから先も問題を抱えなければならないことを予想して，恐れを感じる。
- 抱えている問題を解決できていないことで，落ち込む。
- このような問題を抱えているのは自分だけだと考えて，落ち込む。

RLT/CBT が症状によるストレスに関心をもつ理由は次の 3 つです。まず，私たちの精神的エネルギーは無限には供給されないからです（ただし，多くの人は，自分が考えているよりも

はるかにたくさんのエネルギーをもっています）。もし，感情が揺れることに心乱され，そのことに多くのエネルギーを使ってしまえば，感情が揺れる本当の理由に対処するためのエネルギーは残りません。

次に，症状によるストレスは人をひどく注意散漫にさせるからです。私は，感情が揺れることに心乱され，それにがんじがらめにされている人をたくさん知っています。ところが，彼らは，感情が揺れる本当の原因に気づいていないのです。

最後に，症状によるストレスは真のストレスを忘れさせてしまうからです。結果として，手軽で不合理な行動（お酒を飲む，ギャンブルにのめり込むなど）によってすべてのストレスからすぐに解放されるという誤った印象をクライエントは抱いてしまいます。

症状によるストレスを引き起こす思い込みは，こうです。

「こんなことを感じるなんて耐えられない！」

うつ，不安，怒りなどの動揺に耐えられないとクライエントが言うとき，その発言は間違っています。クライエントは感情の揺れに必ず耐えることができます。もし耐えられないのなら，すでに死んでいるはずですから。

この事実を私がトレーニングしているセラピストたちに伝えると，時々，こんな反応が返ってきます。「アルド，それはただの言葉の遊びだよ。クライエントが自分の感じ方に耐えられないと言うときは，実際に感情の揺れで死んでしまうという意味ではないんだ」。心にとめておいてほしいのですが，「耐えらない」が感情と行動に現われたときは，それは単なる言葉の上だけではなく，いろいろな意味を含んでいるのです（Maultsby, 1984）。

次の3つの事柄を覚えておいてください。

(1) 人間の脳は，私たちの感情や行動に対してとても従順です（Maultsby, 1984）。脳は，私たちが考えることは，それが正しくても間違っていても何でも受け入れます。

(2) 人間の体は嘘をつきません（身体機能が正常に働いていれば，の話ですが）。言いかえると，体は，脳で考えられたことによって体に起きる反応を脳にフィードバックします。抑うつ的思考をすれば，体は抑うつ的反応を起こします。不安に満ちた考えを抱けば，体は不安に基づく反応を現わします。

(3) 私たちが自分の気持ちを表現するとき，冗談，嘘，心からの発言という3種類の表現方法があります。「私は，こう感じることに耐えられない」という発言が，単に冗談だったり，嘘だとわかっていれば，大きな影響はありません。しかし，「こんなことを感じるなんて耐えられない」と心から信じていれば，まるで絶体絶命の状況（たとえば，火災の起こっているビルに閉じ込められている状況）にいるかのような反応が生じます。この反応がまさに，私がしばしば目にする「感情の揺れには耐えられない」とクライエントが心から信じているときの状態なのです。体は嘘をつかないので，窒息状態と同じような

反応が現われます。

ところが，今まで誰も感情の揺れが原因で死んだ人はいません。そこで私は，「こんなことを感じるなんて耐えられない」を次のように言いかえるようにクライエントに勧めています。

「私はこんなことを感じたくない。だから自分が感じたい感情が湧いてくるように，
自分自身に働きかけよう。それまでは今の感情を我慢できる」

感情的な苦痛は不快で居心地が悪いものです。しかしそれは，私たち皆が「耐えられる」ことなのです。このことに気がつけば，気晴らしをしようとする力がもっと強くなり，結果として，回復のスピードも上がります。

もし，あなたが今の感情に悩んでいるのなら，セラピストとそのことについて話し合ってください。心にとめておいてほしいことは，今の感情に対してあなたがいくら動揺しても役に立たず，気分も晴れないということです。あなたは今，嫌な気分の晴らし方を学んでいる最中で，ゆっくりと時間をかけ，一所懸命練習することによって気分は改善していくのだということを理解してください。何の結果も生み出さないことを考えて心をかき乱すことはしないでください。あなたが望んでいる気分になったら，それがどれほど心地良いかをイメージする練習をしましょう。

また，次に挙げることも十分理解していただきたいと思います。

● ほとんどのクライエントは，入院の必要がありません（しかし，入院したとしても，それは決してこの世の終わりではありません）。
● 誰も，自分の心のコントロールを完全に失うことはありません。
● 神経衰弱などというものは，実在しません。
● 症状がどんなに重くても，ほとんどの人は感情をコントロールする力をもっています。ですから，うつ気分や不安感が高まってコントロール不能の状態になると心配する必要はありません。
● 多くの人が問題を恐れるのは，その問題から抜け出せないことが事実のように見えるからです。それはただ，そう見えるだけです。
● ほとんどの問題は，程度の問題であり，種類の問題ではありません。つまり，その人の問題が他の人と異なっているわけではないけれど，より深刻な内容ではある，という意味です。たとえば，私たちは皆，うつ気分になることがありますが，それは入院を要するほどではありません。
● 修理の仕方を知らなければ，壊れた機械を直すことはできません。しかし，私たちは，自分の問題への合理的対処の仕方を習わなくても，それができる，と思い込むことがあります。私たちの親や学校や社会は，どうやってものごとを合理的に考えたらよいかを

教えてはくれません。彼らもそれを知らないからです。したがって，気分が落ちこんだ
ときに自分自身で気分を晴らす方法をすでに知っていると考えるのは間違いです。

● 私たちは，「私は，ひどいうつ病です」「私は，自分の子どもを虐待します」「私は，何も
かも心配です」「私は，2年前に子どもを堕ろしました」などと言って回ったりはしません。
他の人も「心のなか」ではとても動揺しているのに「正常に」振る舞うことができるため，
あなたには彼らに問題がまったくないように，見えるのです。

打ち明けること，それによって恥をかくことへの恐れ

　私たちは，恥ずかしいことを考えたり，望んだり，実際にしたりすることがあります。そう
したことでもセラピストと話し合わなければいけないと，クライエントは頭ではわかっていま
す。セラピーを受けにきたのは，自分が恥ずかしいことをした，またはしていることが理由の
ひとつだからです。しかし，このことをセラピストと共有するのをとても嫌がるクライエント
に時々出会います。それは，セラピストがそのことを知って否定的な態度を示したり，自分が
拒否されたりすることを恐れているからです。

　認知行動療法セラピストは，クライエントを生身の人間として無条件で受け入れます。私た
ちの目的は，あなたの手助けをすることであって，あなたを批判することではありません。そ
れに，セラピストはさまざまな経験をしているので，あなたが話すようなことを今までに一度
も聞いたことがない，ということはまずありません。

　心にとめておいてほしいことが，もうひとつあります。それは，セラピストは「心を読む人」
ではないということです。クライエントのなかには，自分の恥ずべき問題を遠回しにほのめか
すだけで，セラピストが気づいてくれるだろうと考える人がいます。しかし，これは間違いです。

　セラピストは，クライエントとの信頼関係がどれだけ重要かを知っています。つまり，よく
知らない人に自分の個人情報を伝えることをほとんどの人は嫌がることを理解しています。あ
なたに抵抗がなければ，セラピストと信頼関係をぜひ結んでください。セラピーの目的は，あ
なたの人生の目標を達成することであって，セラピストに認めてもらうことではありません。
ですから，セラピストの反応を深読みしたり，あなたの目標達成を妨害するようなセラピスト
の行為を許したりしないでください。

治療への絶望感

　「私は変われない。私は良くならない。私には何の希望もない」。セッション中にこのような
考え方が頭に浮かぶとしたら，そのクライエントはおそらくセッションに集中していません。
セラピーを受ける理由も理解していないかもしれません。

　こういう治療への絶望感は，過去の治療における失敗の結果です。「私は，何人ものセラピ
ストに会った。多くのことを試してみたけれど，まだ良くならない。私には何かおかしいとこ
ろがあるのだ。私には良くなる可能性がないのだ」。

　この絶望感の根底には，次のような誤った信念があります。

私はいつまでたっても目標を達成できない。
つまり，そのこと自体が，私が目標を達成できないことの証拠だ。

　進展が見られないことで明らかになるのは，そのために必要なことがまだなされていないということだけです。進展しないことは，そのクライエントに能力がないとか，セラピーが無効だということを証明しているのではありません。進展が見られないとき，こう自問してみましょう。「進展のために必要なことで，今見過ごされているものは何だろう？」。

　多くのクライエントが，「私は，絶対にうつを克服できないと思う。だって，何年も何年も努力してきたのに，それでも良くならないから……」と言います。気分を晴らす方法を尋ねると，良くならない理由が明らかになります。彼らの方法は，誰が行なっても成功しないものなのです。彼らは，気分を改善する有効な方法を知らないのです。しかし，合理的セルフ・カウンセリングのテクニックを習うと，幸せを感じる能力がなくなっていないことにすぐに気づきます。

　したがって――

あなたがこれまで変わらなかったというだけで，
あなたができないということにはなりません。

　「絶望」という言葉を，人生における経験に対して使うことは間違っていると私は考えます。どんなに悪いことが起こっても，私たちはつねに希望をもつことができます。「絶望」の代わりになる，もっと的確な言葉は「不合理な悲観主義」でしょう。

　「絶望」または「不合理な悲観主義」は，次のような思い込みが基礎になっています。「私はこの問題について，知るべきことはすべて知っている。だから，その私が解決策を見つけられないなら，解決策はないはずだ」。この思い込みは理にかなっていません。これが正しければ，私たちが知っていること以外は何も存在しないことになるからです。しかし，知るべきことすべてを知っている人は誰もいません。いわゆる専門家でも，彼らが知っていることしか知りません。すべてを知りうるのは神だけです。もし，あなたの状況を「絶望的だ」と言う専門家がいたら，その言葉を絶対に信用しないでください。

　あなたの目標があなたにとって重要である限りは，それに関連するトピックを調べつづけてください。インターネットの検索エンジンを使えば，以前はまったく気づかなかった情報も発見できます。そうした努力ができないなら，目標がもはや重要でないということかもしれません。もし，そうでなければ，どうぞ思う存分調べてください。

┃成功することへの恐れ

　成功することへの恐れ？　何か変ですね。なぜ成功することを恐れるのでしょう？

　成功することへの恐れは，本当は，後に続いて起こる失敗への恐れなのです。目標を達成しても，それによる利益をいつか失うかもしれないという恐れです。変化によって今よりも悪い

状態に陥るのではないかという心配です。

　本当は成功したいと強く思っているにもかかわらず，将来への不安が強くて変われない人は，変化や成功を望まない人だという印象を与えてしまいます。

　私が知っている恐れは，次のようなものです。

- もし酒を飲まなかったら，夜，自分をもてあましてしまう。
- もし酒をやめたら，友達をなくしてしまう。
- もしのろのろと歩いているのを人が見たら，私の具合が悪いと考えるだろう。
- もし幸せを感じても，それをずっと感じていられなければ不安が湧くだろう。
- もし気分が晴れたら，周りの人は私に何かを期待するだろう。
- もし今までとは違う行動をしたら，本当の自分ではなくなってしまう。
- もし「ひとりでやっていける」なら，私は夫と別れなければならない。「ひとりでやっていける」にもかかわらず一緒に暮らしているという状況では，頭が混乱してしまう。

　多くの恐れが原因で，私たちは変わることを嫌がるようになってしまいます。たとえ変わりたいと考えていても。ありがたいことに，ほとんどの恐れは事実無根で，起こりそうにないか，起こっても対処できるかのどちらかです。あなたの考え方，感情，行動を変えることを恐れたり気が進まなかったりしたら，その心配をセラピストときちんと話し合ってください。

セラピーへの抵抗感

　誰か他の人に勧められたり命令されたりしてセラピーを受けにきた人には，セラピーを強制されたという，心からの，しかし誤った思い込みがある場合があります。この「強制されている」という思い込みはセラピーを恨む原因となり，セラピーの拒否にもつながります。このようなときに，私は強制と選択の違いを説明します。

クライエント：セラピーに来るのを強制されて，気分は良くありません。

私：どうしてここに来るのを強制されたと思うのですか？

クライエント：セラピーを受けなければ刑務所に入ることになる，と裁判官が言ったんです。

私：私には，強制されたのではなく，あなたが自分でここに来ることを選んだように聞こえますよ。あなたは，セラピーを受けるか，セラピーを受けずに刑務所に入るか，そのどちらかを選べましたね？　たしかに，どちらも嫌で，そんなことより，リゾートホテルで過ごしたいと思ったでしょう。しかし，愉快なことを選択できなかったからといって，必ずしも選択肢がなかったことにはなりません。強制的にセラピーを受けさせられる唯一のケースは，本人の意思に反してここに運ばれてきたときだけです。

クライエント：一体，何が違うんですか？

私：「望まないことを強制されている」と考えれば，それを恨みに感じます。恨みがつのれば

つのるほど，私たちがそれに抵抗する時間は長引きます。逆に，「積極的に選んでいる，決心している」とわかっていれば，強い恨みは続きません。たとえそれを好きでしていなくても，です。それに，多くの人は，自分のために望ましい合理的な決定を下す自分自身の能力をあまり信頼していません。もし裁判官がセラピーを強制したと考えるなら，刑務所に行く代わりにセラピーを受けるという賢い選択をした自分を，あなた自身が信頼していないということですよ。

　クライエントからよく聞かされるもうひとつのセリフは，「先生は，何をしたらいいか私に言わないんですね」です。この発言は間違っていません。RLT/CBTセラピストは人生をどうやって生きるべきかをクライエントに指示したり，セラピストの価値観，道徳観，目標をクライエントに押しつけたりしません。セラピストは，クライエントの希望に基づいて，どう行なうのかを示すだけです。ですから，クライエントが人生で獲得したいことを見つける時間を，セラピーのなかで取るのです。

｜ 自分自身を罰する

　「後悔するようなことをしたので罰を受けなければならない」と考えることが，私たちには時々あります。罪悪感の典型的な信念は，「私はひどいことをして，腐った人間に成り下がった。腐った人間は苦しむべきで，セラピーで良くなったり，幸せになったりする資格などない」というものです。しかし，この信念は多くの点で合理的ではありません。

　まず，すでに起きてしまった，望まなかった出来事に対して，ご本人が実際に，どのくらいの責任があるのかわかりません。時に，実際には自分の過ちではないにもかかわらず，自分を責めることがあります。また，責任は限定的な場合もあります。原因を事実以上に自分のせいにすることは，何の意味もありません。

　2つ目に，「腐った人間」などいません。実際にいるのは，「腐ったことをする人間」です。他の人よりも腐ったことをする傾向が強い人もいるかもしれませんが，基本的に私たちは皆，腐ったことをするものです。

　3つ目に，もし，その状況をつくりだした責任がただひとりにあったとしても，その人が苦しむべきと信じることは間違っています。もしご本人が「苦しみたい」と私に言ったなら，私は「どうぞ，それはあなたの自由です。あなたには苦しみたいだけ苦しむ権利がありますよ」と答えます。私は苦しむことの不利益を指摘するかもしれませんが，「苦しみたい」とその人が言う限り，誰もやめろとは言えません。「苦しみたい」と思うことと「苦しむべきだ」と思うことは，まったく違います。「自分は苦しむべきだ」と信じている人には，私はそうしなければならない証拠を探すように勧めます。その人の取った行動によって絶対に苦しまなければならない証拠とは，いったい何でしょうか？

　「宗教が苦しむべきと教えているので苦しむべきだ」と信じている人もいます。そのときは，彼らの宗教指導者に問い合わせて，クライエントが教義を正しく理解しているかどうか確認し

ます。そうすることで，多くのクライエントは，永遠の命のために自分自身を無価値な人間だと貶めるようなことは要求されていないと理解できます。しかし，宗教のなかには，人間は生まれながらにして罪を犯す存在だとして，終わりなき苦痛を味わうことを要求するものもあります。この場合，私はクライエントに，教えに従って自分自身を不幸にする権利をすべての人はもっていると言います。その一方で，宗教が許しについて何と言っているかを，さまざまな方法で調べる権利も皆はもっているとも言います。宗教における許しの問題があなたの心配事であり，宗教についていろいろ調べる権利が制限されている，とあなたが信じているのなら，セラピストと必ず話し合ってください。

　また，「他の人が『お前は苦しむべきだ』と言ったから苦しむべきだ」と信じている場合もあります。繰り返しますが，どこにその証拠があるのでしょう？　日常のルールの多くは安易につくられてしまうにもかかわらず，それがまるで絶対的事実であるかのように，世代から世代へ受け継がれていきます。もし昔の人が「苦しむことは『正しい』ことだ」と信じていたとしても，それが絶対的事実だと誰が何に基づいて決められるのでしょう？

　「自分は罪深いために苦しみを味わっている」と主張する人には，「どのくらいの期間，あなたは苦しまなければならないのですか？」と尋ねます。すべての人がこの質問に対して「それは自分で決めることです」と答えます。つまり，その期間は「つくられたもの」です。絶対的なものではありません。

　多くの人が，苦痛でいること（自分を「駄目な人間だ」と罵りつづけること）は，問題を繰り返さないために大切だと信じています。つまり，もし自分自身を十分に罰することができれば，問題の再発は避けられると信じているのです。しかし，自分を罰することは，問題の繰り返しを避けるための必要条件ではありません。重要なことは，問題を繰り返してはいけない理由をしっかり理解すること，問題を繰り返しを避けるという態度を続けること，問題の繰り返しを防ぐための知識をもち，その知識に基づいて行動することです。

　もしあなたが，何か恥ずかしいことや，気分が悪くなるようなことをしてしまったのなら，その事実を受け入れ，それから学び，二度とそうしたことはしないと決心し，それから自分の人生をどうするか取り組んでください。あなたにはそれができます。

｜クライエントとセラピストの不一致

　クライエントのなかには，自分に似ていないセラピストでは問題を十分理解できない，と考える人がいます。つまり，セラピストと自分が同じような経歴，宗教的・民族的背景，性別でなければならないと考えているのです。また，セラピストが特別な経験をもっていなければならないと信じているときもあります。その場合，セラピストは，クライエントから次のように問われます。

- 子どもがいないのに，どうして私に親としての仕事や責任について教えることができるのか？

- ドラッグをやったこともないのに，薬物乱用について何がわかるのか？
- 刑務所に入ったことがないのに，刑務所にいる私を支援することなんてできるのか？

　セラピストがあなたの問題を理解していないと強く思うなら，それをセラピストに必ず伝えてください。しかし，セラピストにあなたを理解するチャンスをもう一度与えてください。あなたの考えていること，気持ち，経験，心配事を全部伝えてください。言葉遣いやコミュニケーションがうまくいかないために，セラピストはクライエントの心配事や経験を正しく理解できない場合があります。しかし，セラピストに必要なことは，クライエントを正確無比に理解することではなく，十分に理解することだということを覚えておいてください。

　私たちは，医師はすべての病気を経験していなければ治療ができないなどとは考えません。私たちが症状を伝えると，医師は専門的知識，経験をもとに診断し，適切な治療を施します。医師が最適な治療を行なえるのは，その患者と同じ病気に患ったことがあるからではなく，正しい治療法を学んでいるからです。

　医師と同様にセラピストは，心の問題について膨大な時間を費やして学んでいます。またセラピストは，クライエントが抱える問題を深く理解するため，話を傾聴するトレーニングも十分受けています。ですから，セラピストは，あなたと同じ問題や心配事を経験していなくても，あなたに適切な治療を「処方」することが可能です。

　しかし，私は，クライエントには今よりも良いセラピストを探す権利がない，と言っているのではありません。あなたが，現在のメンタルヘルスの専門家や機関に満足していないのなら，いつでも他を探して利用する権利があります。

学びたがらない態度

　RLT/CBT は，クライエントが感じたい感情を抱くことができるようになり，クライエントが自分の目標を達成するために役に立つ，教育的アプローチ法です。この合理的セルフ・カウンセリング術を身につければ，気分が晴れ，行動が改善し，生活の質の向上を「手に入れる」ことができるでしょう。しかし，クライエントのなかには，このセルフ・カウンセリング術を学ぶことを嫌がる人がいます。この「学びたがらない態度」をつくりだす信念には，大きく分けて次の3つがあります。

1.「私は，合理的セルフ・カウンセリング術を学ぶべきではない」

　もし私が「1＋1は？」と尋ねたら，「もちろん，2です」と，あなたは答えるでしょう。もし私が，1＋1は4だと言い張って，その答えが4になるまで息を止めるように言ったらどうなりますか？　あなたは「顔が紫色になって死にそうになるまで？」と驚くでしょうね。私がいくら1＋1は4になるべきだ（または，そうなってほしい）と言っても，決してそうはなりませんから。

　同じ論理が，私たちの感情や行動にもあてはまります。気分を晴らし，望ましい行動を継続

的に行なうために，合理的セルフ・カウンセリング術を学ぶ必要などないと強く言い張っても，事実としてそれは必要なのです。

さて，私たちは，気分を一時的に良くする，学習を必要としない方法をたくさん知っています。違法な薬物やお酒もそれに含まれます。これらの不合理な方法は，ただ一時的に気分を良くしてくれるだけです（そして，他の問題を引き起こします）。継続的に，意識的に，気分良く，望ましい行動をするための方法を，私たちは学ぶ必要があります。

RLT/CBT セラピストは，多くの人が合理的セルフ・カウンセリング術を知らないことをわかっています。その理由は，誰もそのスキルを私たちに教えてくれなかったからです。

成長過程で私たちが学ぶことは何でしょう？　どちらかと言えば「どうしたら自分が惨めになるか」ということのほうが多いかもしれません。私たちの周りには，「不合理的に考え，理にかなわない行動をすること」を教えてくれる先生（家族，友人，学校の教師など）がたくさんいます。流行歌で歌われるナンセンスな歌詞をちょっと見ればわかりますが，私たちは不合理的なメッセージに囲まれて生きています。1970 年代初期に大ヒットしたハリー・ニルソンの「君なしでは，生きていけない」（Can't Live If Living is Without You）という歌があります。しかし，このタイトルは理にかなっていません。

もし私が，「僕は君を愛しているけれど，君がいなくても生きていける」（I Love You, But I Don't Need You to Live）というタイトルの曲を作ったら，1 枚も売れないでしょうね（まあ，1 枚くらいは売れるかもしれませんが……）。しかし，ロマンティックではないけれど，とても理にかなっているタイトルなのです。

読んだり，書いたり，キーボードを打ったり，運転したり，その他すべてのことから，私たちは感情と行動のあり方を学んでいきます（Maultsby, 1984）。だから，継続して，意識的に，私たちが感じたい感情を抱けるようになるためにはどうしたらよいのかを，私たちは学ぶ必要があります。

2. 「私はすでに，このスキルを知っている」

他のセラピーを受けてしばらく経ち，私のところにやってきたクライエントのなかには，「合理的セルフ・カウンセリングについて，必要なことはすべて知っている」と言う人がいます。彼らは心からそう信じているので，合理的セルフ・カウンセリング術の説明は時間の無駄だと強く主張します。

あなたが，合理的セルフ・カウンセリング術を教えてもらったことがあり，それについてはすでによく知っていると信じているなら，この本全体にざっと目を通してみてください。あなたの知らないことが見つかるかどうか，チェックしてみてください。もし，この本に書かれたすべてのテクニックを知っているにもかかわらず苦痛を抱きつづけているなら，あなたは合理的セルフ・カウンセリング術を自分の問題にどのように応用すればよいのかわかっていない可能性があります。

3.「とにかく，私には役立たない」

　セラピストが合理的セルフ・カウンセリング術を学ぶことをあなたに求めたら，その理由は，セラピスト自身のトレーニングと経験に基づいて，あなたにはこのスキルを学ぶ能力があり，それを学べばあなたが恩恵を受けるに違いないという結論に達したからです。

　セラピストがあなたに合理的セルフ・カウンセリング術を勧める判断は，なぜあなたがセラピーを求めているのか，症状は何か，何を経験しているのか，に基づいて下されます。セラピストは，あなたと似たような問題や心配事を抱えた他の人が，このスキルで問題を解決したという経験を豊富にもっています。

　ただし，他の人にはこのスキルは有効だろうけれど，自分には効果がないとクライエントが思い込んでいる場合があります。あなたもそうだとしたら，あなたの信じていることをセラピストに伝えてください。私があなたに考えてほしいことは次の質問への答えです。

これをやることで，あなたは何を失うのですか？

　このスキルがあなたに役立たないことを見極めるためだけに，この本を読むのに2週間使い，セラピストと内容を共有し，合理的セルフ・カウンセリング術をあなたの問題に応用する方法をセラピストに示してもらい，あなたがその練習をしたとしましょう。その結果，実際に，あなたは何を失うのですか？　膨大な時間やお金を注ぎ込んだり，幸福に逆らってまで努力したりすることを誰も求めていません。合理的セルフ・カウンセリングを学ぶことは，パラシュートなしで飛行機から飛び降りたり，熱い石炭の上を歩いたりするようなことではないのです。

　合理的セルフ・カウンセリングを学べば，何を得ることができるかをよく考えてみてください。もう一度，自分の目標をリストアップしたページを見てください。そのリストに書いてあることを，あなたは手に入れることができるのです。

▏抑圧

　抑圧は，気分を晴らす最も一般的な対処法で，多くの人にとって意識的に行なうことができる唯一の対処法です。抑圧は，気分を動揺させることから気分が平静でいられることへと，あなたの注意を移動させてくれます。一般的なものとしては，自分を多忙にする，好んで長時間労働をする，お酒を飲む，タバコを吸う，他人の問題に首をつっこむ，テレビを観る，読書をする，過度のギャンブルをする，過食をする，などです。言いかえると，気をそらすことができれば何でも抑圧のために利用できるということです。

　抑圧によって安心感がすぐに得られるので，一見すると上手い対処法のように思えます。しかし，抑圧はそのメカニズムゆえに必ず失敗します。まず，抑圧しても問題や心配事は消えませんし，解決されません。2つ目に，私たちは「どのようにその問題を考えるか」をコントロールできますが，一瞬一瞬で「何を考えるか」を完全にコントロールすることはできません。

　抑圧傾向のあるクライエントの発言は次のようなものです。「はっきり覚えていますが，僕

は気分良くテレビを観ていました。でも，昔ふられた彼女を思い出させることが番組に出てきたんです。だから僕はまた，あっという間に彼女にふられて苦しかったあの頃に戻ってしまったんです」。

このため，セラピストはクライエントに，今までとは違う回路で問題を考える方法をじっくり時間をかけて学び，新しい考え方を身につけるために繰り返し練習することを勧めます。この新しい考え方は，クライエントが問題を思い出したとしても，今よりもずっと前向きに対処し，（最悪でも）平穏でいられるように支えてくれます。

二次的報酬

二次的報酬とは，問題を抱えていることで得られる利益のことです。問題を抱えていると，望むものを手に入れたり，望まないものを遠ざけたりすることができる場合があります。

二次的報酬を得ることは，問題を持続させてしまう大きな動機になります。たとえば，夫が自分に関心を示すのは唯一，自分がうつ状態のときだと妻が気づいたとします。彼女は，自分が安心するためには夫の関心が絶対必要だと信じているので，意識的にも無意識的にもうつ状態を改善させることを拒むのです。

二次的報酬は多くの場合で無意識的ですが，それにもかかわらず動機を持続させます。たとえば，父親が不安障害である家族を考えてみましょう。家族全員が二次的報酬に気づかずにいると，父親の不安障害が家庭内の対立を和らげることがあります。家族のメンバーは自分たちが対立して「父親を動揺させたくない」からです。父親の不安の原因が家庭内の対立とは関係がなくても，家庭の平和という二次的報酬が父親の不安障害を持続させてしまいます。

二次的報酬の基礎には，たいてい次のような誤った信念があります。「私が望むこと，必要なことを手に入れる唯一の方法は，問題を抱えることだ」「私が望むこと，必要なことを楽に手に入れる方法は問題を抱えることで，それは簡単に実行できる」。

「私が望むこと，必要なことを手に入れる唯一の方法は，問題を抱えることだ」。

私は，この考え方が正しいと思ったことは一瞬たりともありません。先ほどの例でいうと，夫が妻に関心と愛情を注ぐたったひとつの状況が妻のうつ状態だというのは本当でしょうか？　妻が夫の望むことをしてあげたらどうなるでしょう？

あなたの望むことや必要なことを手に入れるためには，ある感情や行動が必要だと信じているなら，その信念に疑問を投げかけるよう私は強く勧めます。そのことをセラピストに伝え，一緒にこの信念に取り組んでください。

「私が望むこと，必要なことを楽に手に入れる方法は問題を抱えることだ。それはとても簡単に実行できる」。

通常よりも簡単で安くすむと思われることが，実際には難しくて費用もかかることがあります。たとえば，問題に対処するためには，お酒を飲む方がセラピーを受けるよりも簡単で安上がりだと信じている人がいます。しかし，毎日お酒を飲んで，社会的なトラブル，経済的困窮，健康問題にわずらわされることが，セラピーよりも本当に簡単で安上がりなのでしょうか？

不幸感に浸ったり，不合理な行動をしたりしても，片づけなければならない仕事が増えるだけという事実に気づいてください。望むことや必要なことを直接手に入れようとするのは，たいていそれよりもずっと簡単なのです。

「私にはそれをする権利がある」

この態度は，「もし権利があるなら，それを行使することは理にかなっている」という考え方です。しかし，これは明らかに間違っています。たとえば，上司のことを「まぬけ！」と罵倒する権利をあなたがもっていても，それを行使することがいつも合理的なわけではありません。

あなたは，他の人の権利を侵さない限り，何を感じ，何を考え，何をしてもよいという権利があります。しかし，こう自問してみてください。「したいと感じたり，考えたりすることは，私自身が一番興味のあることだろうか？」。私の考え方は正しいだろうか？　私の考え方と行動は，私の目標を達成するために役立つだろうか？　この考え方と行動で，私は感じたい感情を抱くことができるだろうか？

先に述べた通り，セラピストは，どう感じたらよいかをクライエントに教えるわけではありません。もし，あなたが惨めな気持ちになりたくて，「そう考える権利が自分にはある」という発想に基づいて惨めな気持ちになるのなら，それはあなたの自由です。ただ，それをする権利があるからといって，そうすることがいつも合理的なわけではありません。

「言うことは，行なうことよりも簡単だ」

これは，私から見て最も不思議な言葉のひとつです。この言葉の意味するところは，目の前にある課題がとても難しいに違いない（または，おそらく難しい）ということです。このように，困難さに圧倒されるという感覚は，目標を達成しようと腰を上げることさえ阻むでしょう。

覚えておいてほしいことは，セラピーを受けにくる多くの人が，目標を達成する自分の潜在能力を実際よりも低く見積もっているということです。セラピストは，あなたの報告や，あなたと似た状況にある他の人の経験談をもとに，あなたが目標を達成できる潜在能力をもっていると判断しました。だからこそ，あなたがその能力をきちんと使うために，課題を与えるのです。セラピストは，あなたが失敗するよう仕向けているわけではありません。ですから，あなたが自分の潜在能力を疑っていても，セラピストが信じるあなたの能力を，少しは信頼していただいて大丈夫です。あなたの目標を達成するために，このチャンスを活かしてください。

行動を難しいと思うのは，本当に難しいのではなく，ただその行動が厄介だからです。論理的に「難しい」行動は身体的な行動だけです。感情的，心理的行動（つまり，気分や考え方）ではありません（Maultsby, 1975）。50 kgのセメント塊を15m運ぶことは，25 kgの塊を15m運ぶよりも難しいでしょう。しかし，「私は賢い」と考えることは，「私は馬鹿じゃないか？」と考えるよりも難しく，もっと努力し，エネルギーや体力を使わなければなりませんか？　もちろん違います。「私は賢い」と考えることを難しく思うのは，そのように考えることが居心地

悪いからです。それは難しいのではなく，ただ単に心地よくないだけです。

考え方よりも，感情と行動を進展の指標にしてしまうこと

多くの人は，気分が良くなり，もっと行動できるようになるためにセラピーを求めます。そのため，感情と行動を進展の指標とすることは納得できます。しかし，クライエントは気分が晴れる前に，一度は気分が沈んでしまうものです。特に，自分の問題について考えることを避けつづけていた場合はそうなりがちです。実際に状態が良くなっているにもかかわらず，不快な気分を味わってしまうと，悪くなっているという印象をもちやすいものです。

また，不幸を生み出す考え方を 10 個もっていたとして，そのうち 9 個を取り除いても，残りのひとつを毎日繰り返していれば，あなたはずっと不幸なままだ，ということにも気をつけてください。進展の指標として感情と行動だけに注目すると，思考における変化を見落としてしまいます。あなたの考え方の変化に注目しましょう。そうすれば，感情と行動は後からついてきます。

身体的要因

身体機能が適切に働いているとき，セラピーの効果は最高になります。睡眠不足，低栄養，少ない運動，痛み，これらすべてが体のエネルギー・レベルを下げます。これら 4 つの要因は，うつ気分や不安感から生じることもよくあります。

エネルギー不足で目標達成のための努力ができないなら，身体的症状を改善させることは大切です。これらの症状はセラピーの進行とともに自然に軽くなったり消えたりします。一方で，薬や自然物質（ビタミンやハーブ）が「活性化」のために使われています（第 1 章を参照してください）。

もし，あなたに 4 つの要因のどれかがあるなら，セラピストにそれを必ず知らせてください。

精神を「患う」

実際には病気ではない「精神疾患」が宣伝されたり，強調されたりしています。たとえば，「境界性パーソナリティ障害」は病気ではありません。「大うつ病」も病気としては存在しません。それらはたしかに，『精神疾患の分類と診断の手引き』（*Diagnostic and Statistical Manual of Mental Disorders*：*DSM*）に掲載されていますが，インフルエンザのような病気とは違います。

DSM の「境界性パーソナリティ障害」の診断基準を見ると，診断は行動，反応，態度に基づいて下されていることがわかります。しかし，それらのリストをつくり「境界性パーソナリティ障害」という病名をつけると，身体的な病気と等しいものとみなされてしまうことがあります。

同じことが，「大うつ病」などにもあてはまります。自分自身がうつ病に「罹っている」と考えることの問題点は，（インフルエンザのように）あなたを侵してうつ状態を引き起こす「うつ病」と呼ばれる実体がある，という印象をもってしまうことなのです。

私は身体疾患の結果として現われる精神症状を否定しているわけではありません。しかし，甲状腺機能低下症がうつ症状の原因なら，あなたはうつ病を患っているのではなく，甲状腺の機能に問題があるのです。

ほとんどの診断名は，分類された行動への単なるカテゴリー名です〔訳注：保険請求のために便宜上必要なものだとも言えます〕。次章で，私たちはうつ，不安，怒り，問題行動などを「患わない」ことを学びます。私たちは，無意識のうちに，自分自身を落ち込ませ，不安にさせ，怒らせ，問題行動を取らせてしまうのであって，病気を患うわけではないのです〔訳注：ただし，一部の精神障害については脳の機能障害が原因として認められますから，一概には言えません〕。

｜「即席の安心」への期待

私は，「即席の安心」を期待している人を責めるつもりはありません。もし，すぐにあなたの気持ちを楽にしてあげられる方法を私が知っているなら，今すぐそれをしてあげたいと思います。ほとんどのクライエントが，長い間苦しんだ後で治療を求めて私のもとにやってきます。できるだけ早く苦しみから開放されたいのは当然です。しかし，即席の安心を期待するのは，理にかないません。他の治療法と比べると，認知行動療法はあなたを「ほとんどすぐに」変える治療法だと言えます。認知行動療法の平均面接回数は16回です。精神分析では治療が数年間に及ぶことと比べてみてください。しかし，あなたの感じ方を変えるには，あなた自身が熱心に課題に取り組まなければなりません。ホームワークを忘れずに続けることが，改善のスピードを上げてくれます。

即席の安心を期待したり，即席の安心が必要だと信じていたりすると，自分自身に強く圧力をかけることになって，それが気分を晴らすことをもっと難しくしてしまいます。だから，即席の安心があなたに必要なのではなく，あなたがそうしたいだけなのだということを理解してください。

｜集中力の欠如

集中力がないと，学んだり目標を達成したりすることが難しくなります。集中力の欠如は症状のひとつで，特にうつ病や不安障害でよく見られます。なぜうつ病が集中力の欠如を引き起こすかという生化学的探求は横に置いても，クライエントはじっくり考えなければならない多くの問題を抱えてやってきます。心配事が多いと，周りで起こっている他のことに集中できなくなります。言いかえれば，脳が心配事で一杯になっていると，何か別のことをしてみようとは思えなくなるということです。

集中力の欠如は，問題を合理的に解決することを学ぶと，たいてい改善します。しかし，もし集中力の欠如のためにセラピーの効果が薄れるように感じるなら，それをセラピストに伝えてください。

| 問題のある家族の反応

　ほとんどのクライエントには，彼らを励まし手助けしようとする，協力的で愛情に満ちた家族がいます。しかし，残念なことに，全部の家族がそうとは言えません。クライエントの変化を邪魔する家族もいます。それは，家族がクライエントの問題で得をしているからです。妻がダイエットしてスリムになることで，他の男が妻に言いよってくるのではないかという不安から，あらゆる手を使って妻のダイエットを阻止しようとした夫がいました。

　家族によっては，クライエントが改善していないことを確認したがる場合があります。一番よく見られる妨害作戦は，ホームワークの完成を邪魔する，セラピーに行かせないようにする，クライエントが絶望的に考えるように仕向ける，セラピーには害があると脅す，新たな問題をつくりだす，などです。

　しかし，家族があなたの進展を妨害していると強く感じても，あなたの見解についてセラピストと話し合うまで，家族と直接対決することは避けてください。

▍次の章へ進む前に……

以下の質問に答えてください。

● あなたが感じたいように感じられたら，それはどのくらい良いことですか？
● あなたが前向きになったら，それを最初に知らせたい人は誰ですか？
● あなたの気分が晴れたら，誰が一番喜んでくれますか？

第3章

グッド・ニュース
感情の ABC

　どうやって気分を晴らすかを学ぶ前に，私たちがある感情を抱いたり，ある行動を起こしたりする原因を学ぶことが重要です。それによって，何を変えなければいけないかがわかるからです。

　自分の感情の動きについて間違った思い込みをもつと，問題が起こりやすくなります。それは，間違った思い込みのために，変える必要のない部分を変えようとしてしまうからです。その結果，私たちは望まない感情を抱きつづけ，努力しても変わらないため欲求不満になります。

　たとえば，私が車のエンジンをかけようとやっきになっているにもかかわらず，全然動かないというシーンを想像してください。私が次のように考えたらどうでしょう。「きっとタイヤに十分な空気が入っていないんだ。そうに違いない。だからエンジンがかからないんだ」。調べてみたら，たしかに空気圧が少し下がっていました。私はポンプを取り出して，タイヤに空気を入れて，もう一度エンジンをかけようとしますが，かかるはずがありません。もし私が「タイヤの空気が足りないからエンジンがかからない」という考えにこだわって，それに基づいて行動しつづけたとしても，まったく無意味だということは明らかです。

　この状況は，自分の感情の動きについて間違った思い込みをもっている場合とよく似ています。ほとんどの人は，何が感情と行動を引き起こすかについて，間違って理解しています。

　もし，感情の動きに関する私の説明にしっくりこない感じを抱いても，すぐに拒絶しないでほしいと思います。私は，家庭や学校や社会で教えないことをあなたに伝えるつもりです。

┃ グッド・ニュース 1——感情の ABC

　脳のなかでは次の3つのプロセスによってつくりだされる感情の動き，つまり「感情のABC」と呼ばれる動きが起こります。

- （A）まず，私たちは何かに気づきます（感情の ABC の「A」）。言いかえると，私たちは何かを見たり聞いたりして，ある状況，ある出来事，ある状態に気づきます。
- （B）私たちが何かに気づいたあと，脳はそれに対して自動的に何かを考えたり，信じたりします（感情の ABC の「B」）。私たちは気づいたことに対して次の3つのうち，どれか1つの方向で考えます。その方向とは，ポジティブ，ニュートラル（中立的），ネガティブです。ポジティブな考え方は「これは良いことだ」，ネガティブな考え方は「これは悪いことだ」，ニュートラルな考え方は「これは良くも悪くもない」「自分にとって大

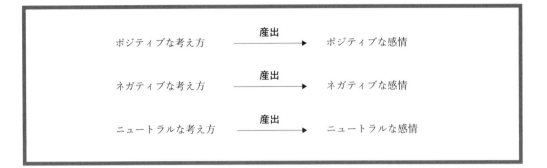

きな問題ではない」です。
(C) その考え方に従って，脳が全身に，どのように感じ，どう行動すればよいかを伝えます。この反応を結果としての感情と呼びます（感情のABCの「C」）。ポジティブな考え方をもてばポジティブな感情（幸せ感，わくわく感）を，ネガティブな考え方をもてばネガティブな感情（うつ気分，不安，怒り）を，ニュートラルな考え方をもてばそれらの中間の感情を，それぞれ経験します。

多くの人がニュートラルな考え方を知らないのは，家庭や学校や社会が教えてくれないからです。ニュートラルな感情を一番うまく表わす言葉は「平穏」です。たとえば，ぼんやりテレビを観ているときは激しい感情をもっていないはずです。そのとき，あなたはニュートラルで平穏な気持ちでいるのです。「今，あなたはどんな気分ですか？」と尋ねられても，おそらく「どんな気分でもない。特に何も感じていないよ」と言うでしょう。しかし，何も感じないのは脳と体に何か重大な不具合が起こっているときだけです。一般的に，何も感じていない状態とは，平穏やニュートラル（中立的）な感情を意味しているのです。

私たちの行動の原動力になるのは，私たちが考えていることであって，他の人や，状況や，出来事ではありません。

次の図は，ポジティブ，ネガティブ，ニュートラルな感情のABCの例を示しています。

たとえば，恋愛関係が終わるときも，私たちが考えることが出来事に対する感じ方を決めます。これは社会が私たちに教えることとは正反対です。次のような言葉を聞いたことがありますか？　「彼は私を怒らせた」「それが私を狂わすのよ」「彼女は僕を幸せにしてくれただろうか？」。しかし，他の人，状況，出来事は，決して私たちの感情の原因にはなりません。私たちの感情や行動をつくりだすのは，私たちが他の人，物事，状況について考えることなのです。

これはある意味で「グッド・ニュース」なのです。もし，他の人，状況，出来事が私たちの感情をつくりだすなら，私たちはそれらの奴隷だということになってしまいます。つまり，誰かが私の心を動揺させたいと願ったら，いつでも私は心乱されてしまうということです。こうした思い込みは，最悪の状況をつくりだします。「彼は私を嫌な気持ちにさせる。彼にお願いまでしたのに，彼は決してやめない。だから，私の気分が晴れるためには，彼を殺すしかない」。

感情のABC

もうひとつの「グッド・ニュース」は，私たちの感情を変えるために状況を変える必要はない，ということです。感情を変えるためには，自分自身の考え方を変えればよいのです。状況が改善されたとしても，その状況に合わせて私たちの考え方を変えなければ気分は晴れません。
　考え方が感情と行動をつくりだすという事実は，特に，自分ではコントロールできない状況に陥ったら思い出してほしいことです。状況を穏やかに受けとめられるような考え方をもてば，状況を変化させてより良くする態勢を取ることができるのです。
　「誰もが心乱される悲惨な状況はあるでしょう？　それでも，その出来事が私たちを動揺させないと言えますか？」と尋ねられることがあります。この質問に私はこう答えます。「出来事が私たちの心を動揺させることはありません」。かつて，ある女子学生が同じ問いを私にしました。他の学生も彼女に賛同しているようでした。そこで私は彼女に例を挙げるように言いました。彼女は「もし自分の家が火事で燃えてしまったら，誰でも動揺しますよね？」と言いました。その答えに私は同意しました。誰でもその状況では心が動揺するでしょう。しかし，だからといって，その状況が，私たちの心の動揺を直接引き起こすということにはなりません。私は次の例を挙げました。
　家が全焼してしまった家主が3人いるとしましょう。1人目の家主は，こう考えました。「これは大変なことになった。絶対に立ち直れない……自殺したほうがましだ……」。その結果，1人目の家主は，ひどいうつ気分を味わいます。2人目の家主は「神様，ありがとう！　何年も前から引っ越したかったのに，誰も家を買ってくれなかったんだ。でも，これで保険金が入るから，やっとこんなところから出ていける」と考えました。その結果，2人目の家主は，とても幸せな気分になります。3人目の家主はこう考えました。「家族も私も，本当にこの家が好きだった。だから，この状況はとてもきつい……でも，私にとって大切なことは，起こってしまったことを冷静に受けとめて，合理的に対処することだ。もし私がずっと落ち込んでいたら，家族を守れないだろうから……」。その結果，3人目の家主は，冷静な気分になります。もちろん，ある程度の悲しさは感じるでしょう。
　この例から，それぞれの家主の考え方が，それぞれに違う感情を生みだしたことは明らかです。もし，自分の家が全焼してしまうという出来事自体が心の動揺を引き起こすなら，3人とも同じように動揺したはずです。
　何が良いか悪いか，何に影響されるかされないかについて，私たちは皆，独自の見方をもっています。ある人にとって最悪なことも，他の誰かにとってはチャンスかもしれません。私の人生で考えられる最悪なことは，妻と子どもが死んでしまうことです。これには多くの人が同意してくれると思います。しかし，そんな悲惨な状況では，考え方を切り替えることは絶対にできない，と言われると，私はある理髪師のことを思い出します。彼を「床屋のフレッド」と呼びましょう。フレッドはバージニア州の南西部にある小さい町で，そ

れなりに繁盛した床屋を営んでいました。私が彼に会う4年前，彼は人生の大きな苦しみを味わっていました。奥さんと3人の娘が自動車事故で一度に亡くなってしまったのです。彼がどんな気持ちだったか想像してみてください。しかし，フレッドはその状態にとどまってはいませんでした。4年後には再婚し，精力的に奉仕活動をし，私の散髪をしてくれていたのです。その頃のフレッドに心の動揺は見られませんでした。むしろ，人生に感謝しているようにさえ見えました。彼が亡くなった奥さんと3人の娘のことを片時も忘れずにいて，恋しがっていたことは確かです。しかし，彼は自分の人生を歩みつづけていました。悲惨な状況を受け入れられないという声を聞くとき，私はフレッドのことを思い出します。私たちの前に立ちはだかるものは何でも，それがどんなに不幸なことであっても，人間の脳は受け入れることができるのだと認めざるをえません。

　さあ，これであなたはもう，自分の考え方が感情と行動をつくりだすことを理解しました。これからは，このように言うことを習慣づけましょう。「私は，自分で自分の心を動揺させるのだ。自分で自分を幸せにするのだ。私の考え方のせいで感情は湧いてくる」。

┃グッド・ニュース2──感情には3つの状態がある

　私たちが，ポジティブ，ニュートラル，ネガティブな感情を体験できることには大きな意味があります。私たちの社会は，2つの感情，つまり，ポジティブに感じるかネガティブに感じるか，良いか悪いか，ということだけを私たちに教えてきました。そのために，リストラのような望ましくないことが起こると，あなたはこうつぶやくことになります。「私にとって，この状況を良いと感じることは無理だ。だから，これは悪いと感じるべきなんだ」。しかし，ありがたいことに，私たちは社会が何を教えてくれなかったかわかっています。そう，感情状態には3種類あるということです。ですから，あなたは望まない状況でもニュートラルで平穏な反応を示すこともできるのです。まさにこれが認知行動療法の目的です。たとえば，苦しみから幸せまでの感情を一本の線で表わしてみましょう。認知行動療法の目的とは，その線上で，困難な状況での苦しみから，もっと平穏に近い点に移動できるようにサポートすることなのです。

　その線上で，「うつ気分」は平穏に近くなると「悲しみ」になり，「怒り」は「イライラ感」になります。平穏の方向へ向かえば向かうほど気分は良くなり，困難な状況を変えることができるようになります。

　もうひとつ重要なことは，「苦しみの反対は幸せではない」ということです。動揺の反対は動揺しないこと，つまり平穏を感じることなのです。私がこれを強調する理由は，もしクライエントがこれを理解していないと，「この悲惨な状況で私に幸せを感じろって言うの？」と必ず詰問されます。悲惨なことに対して幸せを感じろ，などという無理なことを求めるはずがありません。私がクライエントに伝えたいことは，状況が困難でも動揺から抜け出すにはどうしたらいいか，どうやったらその状況を平静に，そして冷静に受け止めることができるかなのです。ある出来事に対して不幸な気分でいる限り，何に対しても幸せな気分にはなれません。しかし，困難な状況を平穏のうちに受け入れることができれば，私たちは自由に他の出来事につ

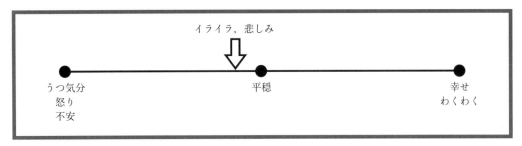

私たちが「平穏」に近い感情を感じると、気分は良くなり、
ほとんどの状況に対応できるようになります。

いて幸せを感じることができるのです。

　認知行動療法についての間違った俗説のひとつに，「認知行動療法はクライエントに何も感じないように指導する」というものがあります。しかし，麻酔をかけられたときや，脳に重大な異常があるとき以外は，私たちはつねに何かしらの感情をもっていることは明らかです。したがって，認知行動療法は感情を感じないようクライエントを指導するのではなく，心が動揺してしまう状況にどうやってより平穏に反応すればよいかを伝える方法なのです。

　また，平穏な感情についての間違った俗説のひとつに，「もし平穏でいられても，それはその出来事に関心をもっていないからにすぎない」というものがあります。これもナンセンスです。出来事を平穏に受け入れるということは，そのことで自分自身を不幸のどん底に突き落としていないという意味であって，その出来事について何も関心がないという意味ではありません。

　残念なことに，ひどい俗説はさらにあります。それは，「セラピストはクライエントに，心の動揺を感じることは許されないと教える」というものです。これはさらにナンセンスです。人は，自分の行動が他者の権利を侵さない限り，何でも感じたり行動したりできる権利があります。ですから，セラピストは，クライエントが「どう感じたいか」を良いか悪いかで判断しません。クライエントが感じたい感情を抱ける方法を伝えるだけです。

　さあ，あなたはもう，自分の考え方が感情をつくりだし，行動の原因になることを理解しました。苦しい状況でも自分の考え方に注意を向けることの重要性をあなたは理解できました。セラピストは本章の終わりで，ABCワークシートを完成させることを求めるでしょう。もし，心が動揺したり，逆効果な行動を取ったりすることがあるなら，あなたのその感情や行動をワークシートにあてはめてみてください。

反射思考──なぜ，「出来事」が感情をつくりだすように見えてしまうのか？

　ABCワークシートに書き込むとき，何に気づいたか（A）と，どのように感じ，何を行なったか（C）はたいてい自覚できますが，何を考えたか（B）はわからないことがあります。「瞬間的に感情と行動が湧き起こったので，何を考えていたかわからない」と言うクライエントもいます。もし，それが本当なら，反射思考が働いたのです。

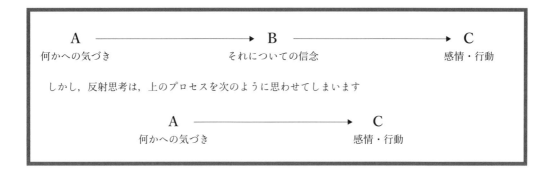

　反射思考とは，あることにとても慣れてしまっていて，もはや意識的に考える必要のない考え方です。それは脳に蓄えられていて，いつでも出動準備ができています。何かの拍子に脳内回路が反射思考につながったら，反射思考が即座に動きだし，それと合致する感情を感じることになります。それに必要な時間は，たったの1万分の1秒です。人間が素早く何かに反応できるのはそのためです。

　たとえば，あなたの車のすぐ前を走る車が突然ブレーキを踏んだとします。あなたはどうしますか？　当然あなたも，すぐにブレーキを踏むでしょう。ブレーキを踏む前に，あなたは自分にこう言っていますか？　「おや？　前の車が突然ブレーキを踏んだから，私もブレーキを踏んで車を止めたほうがよさそうかな？」。もちろんそんなことはありません。あなたは，ほぼ瞬間的にブレーキを踏んで，後で自分がどんなに素早く反応したかということに驚くのです。あなたがブレーキを瞬間的に踏めたのは，しっかりと身についた反射思考のおかげです。その反射思考は「車を止めるにはブレーキを踏めばよい」というものです。どのようにしてこの考え方が身についたのでしょう？　あなたは子どもの頃から，大人が車を止めるためにブレーキを踏むのを見ていました。さらに，運転の練習をしているときは，「ブレーキ活用信念」を停車のたびに思い浮かべました。その結果，その信念は脳に蓄えられ，出動するきっかけを待っていたのです。

　これらのほぼ瞬間的な反応は「何も考えていなかった」という印象を自分自身に与えます。また，しばしば，「A」が「C」を引き起こしたという印象も与えます。しかし，思考は，私たちのすべての行動より前に現われます（ただし，膝を軽く叩くと足が跳ね上がるような単純な反射は除きます）。感情のABCを思い出してください。

　反射思考は，私たちの日常生活や健康を守るために大変役立っています。しかし，反射思考が不合理な信念であるとき，問題が起こります。たとえば，私がある反射思考を身につけていて，こう言ったとします。「他の人は，私を尊敬と親切心をもって丁寧に扱うべきだ。そうでなければ，この世の終わりくらいひどいことだから，きっと私の精神は不安定になるはずだ……」。また，私がこの信念を子どもの頃からもっていたとします。何年もの間，繰り返し考えた末に，この信念は反射思考になります。私がお気に入りのブティックに行き，品物を買うためにレジの前に立ったとき，店員が私に向かって「アルド，このネクタイは君に似合わないねぇ」と言ったとします。私がそのとき即座に激怒したら，それはまるで「A」が「C」を引

き起こしたように見えます。反射思考が脳内を瞬間的に駆け巡るので，私は自分がそう考えたことすら気づかないでしょう。

　覚えておいてほしいことは，私たちが考え方を変えるためには，まず，現在もっている考え方をあるがままに認めなければならないということです。しかし，上の例のように，反射思考はまるで何も考えていないかのような現われ方をします。モールツビー博士は，反射思考を発見するために，次の質問を自分自身にすることを提案しています。

私は，この状況において，まるで何かを信じているかのような行動を取っていないだろうか？

　先の例で，私は，自分がきちんと考えられなかったとわかっています。強い怒りを感じたので，店員が言ったことが嫌だと自分が信じているかのように行動しました。「私が買おうとしているネクタイが似合わないだなんて，上等じゃないか！　もう1回言ってみろ！」。その後で，私は「何が私の気に入らなかったんだろう？」と自問します。そして，おそらく，店員が私を丁寧に扱わなかったは失礼だと考えた，という結論に達するでしょう。

　脳に重度の異常がなければ，あなたの感情は考え方と合致します。あなたがどのように感じて行動するかは，あなたの考え方の結果です。いろいろな感情をつくりだすさまざまな考え方や信念をもっと知れば，より上手く反射思考を発見できるようになります。第7章では，問題のある感情反応に関係する考え方について説明します。

┃不完全な考え方

　セラピストは感情のABCをあなたに教えた後で，あなたの望まない感情反応を分解してABCへあてはめるよう促します。その作業中によく起きる間違いは，結果の感情をつくりだした本当の思考を書き落としてしまうことです。たとえば，次のようになります。

A (あなたが気づいたこと)	B (あなたがその出来事について考えたこと)	C (あなたが感じたこと)
夫が午前4時に家に帰ってきた。	彼は浮気をしている。	怒り 不安

「彼は浮気をしている」では，彼が浮気をしているというあなたの考え方に対して，あなたがさらに何を考えたかがわかりません。もし，夫が浮気をしていない可能性を除外したら，Bでの考え方は「C」，つまり，どう感じて行動したか，ということからのみ推測できます。具体的には次のようになります。

　見てわかる通り，根本的な信念があなたの感情反応を決定しています。したがって，あなた

感情のABC

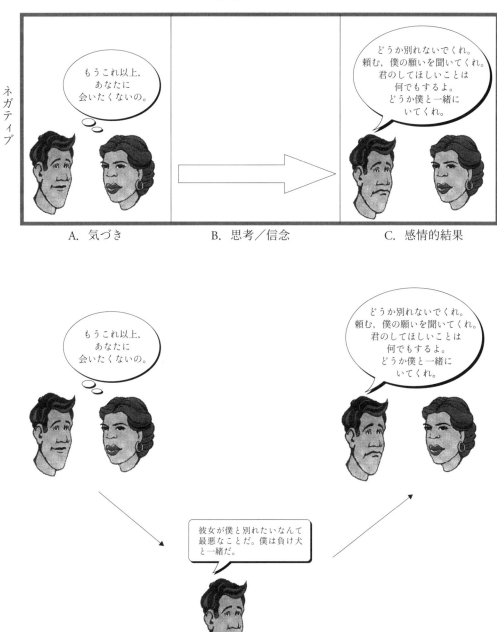

反射思考は，無意識に起こる，まったく考える必要のない，長年かけて身についた信念です。

A	B	C
（あなたが気づいたこと）	（あなたがその出来事について考えたこと）	（あなたが感じたこと）
夫が午前4時に家に帰ってきた。	彼は浮気をしている。彼のために私は何年も捧げてきたのに，あのくそったれ野郎！ 私を何だと思っているの⁉ 私はどうなるのかしら？ ひとりぼっちになったら悲惨だわ！	怒り 不安
夫が午前4時に家に帰ってきた。	彼は浮気をしている。でも，それはとてもいいこと。だって，彼と離婚できて，お金ががっぽり入ってくるのよ！	幸せ
夫が午前4時に家に帰ってきた。	彼は浮気をしている。でも，実際には大した問題じゃない。だって，どうせ離婚するんだし。	平穏

が自分の感情反応を ABC にあてはめるとき，あなたの考えたことが完全に書き出されているかどうかを確認してください。

自分の考え方を発見する

　心が動揺したり，やめたいと願っている行動を取ってしまったりするときに，いつも考えることを発見することがあなたの目標です。その後，セラピストはその考え方が合理的なのか不合理的なのか，その見分け方を教えてくれます。もし，その考え方が合理的であるなら役に立つわけですから取っておきたいですね。しかし，苦痛を味わったり，問題のある行動が起こったりするときは，その考え方は合理的ではありません。もし，考え方が不合理的なら，それを取り除いて合理的な考え方に置きかえたいでしょうし，その方法をセラピストは教えてくれます。

　私はよく次のように尋ねられます。「自分の考え方を変えることなんて可能なんですか？できるとしても，どうやって学べるんですか？」。私たちの考え方を「変える」ことは可能なばかりか，実際に毎日変えているのです。日常での多くの考え方は，どのように変えるかを「学ぶ」必要はありません。たとえば，コーラの自動販売機にお金を入れたら，私は「この機械からコーラが出てくる」と信じて行動しています。しかし，機械が壊れていたら，私はすぐに，いとも簡単に，その考え方を変えるでしょう。私が素早く考え方を変えられる理由は，事実が正しいからです。私は，その機械からコーラが出てこない事実を実際に見ているからです。

　しかし，十分身についた重要な考え方を変えるためには，もう少し働きかけなければいけま

せん。私たちは，すでにもっている考え方について，それが正しくないかもしれないと考え直すことはしないものです。しかし，私たちが正しいと信じていることが，かならずしも事実だというわけではありません。認知行動療法は，あなたの考え方が，考え直す価値があるかどうかを見極めるために役立ちます。その後で，以前から存在する考え方を，新しい，より健康的な考え方にどうやって置きかえればよいのかを教えてくれます。

　私たちは，タイプライターの使い方，車の運転，字の読み方と同じ方法とプロセスで考え方を学びます。新しい考え方を習慣にするには，練習を積むしかありません。認知行動療法には，新しい考え方と新しい行動を練習するための簡単で効果的なメソッドがたくさんあります。あとはただ練習するだけです。

新たな習慣をつくりあげる

　「彼は私を怒らせる」「彼女が私をおかしくしたんだ」「それが私をイライラさせる」と言うよりも，次のように言う習慣を身につけましょう。「私自身が私を怒らせる」「私は自分で自分を幸せにできる」「私は自分の考え方で，私のすべての感情をつくりだしている」。

　次のような問題のある発言をする人もいます。「あいつが私を困らせようとするから，そうさせてやっただけだ」。相手が自分の心を動揺させようとするからそうさせてやった，ということは，相手に自分を動揺させる力があり，それを許しているということを意味します。しかし，これまでに学んできた通り，他の人に私たちの心を動揺させる力はありません。他の人は何か言ったり，何か行なったりしますが，彼らの言ったことや行なったことに対する私たちの考え方が，私たちの心の動揺を招くのです。したがって，「彼が私の心を動揺させようとするから，そうさせてやった」ではなく，「彼の発言を聞いて，私が自分の心を動揺させた」が正しいのです。

重要な注意点

　私たちは，「自分の心を動揺させる」を「自分の心を動揺させることを選んでいる」とよく間違えます。「私たちの考え方が感情と行動をつくりだす」ということは，「自分の考え方によってつねに幸せを感じることができる」とか「改善できることがないので，不幸を感じることをあえて選んでいる」という意味ではありません。私たちは無意識のうちに，自分で自分を不幸のどん底に突き落とされたような気持ちにしていたり，問題のある行動を取らせるようにしていたりするのです。

　合理的セルフ・カウンセリングを理解し，練習しているときでさえ，目の前の状況について他の見方や考え方が見つからず，自分で自分の心を動揺させてしまうことがあります。自分の感情が揺れるように自分で指示を出しているわけです。しかし，もし他の考え方が見つかるなら，そうはしないでしょう。この本では一貫して，合理的に考えるにはどうすればよいかについて書かれています。それはつまり，あなたが合理的に感じ，行動できるようになることなのです。

ABC の状況

A （私が気づいたこと）	B （私が A について考えたこと）	C （私が感じたこと・行動したこと）

ABC の状況		
A （私が気づいたこと）	B （私が A について考えたこと）	C （私が感じたこと・行動したこと）

第4章
考え方と根本信念

　RLTでは，自分の考え方と根本信念をはっきりと区別します。

　根本信念とは，「自分の心のなかに蔓延している思い込み」のことです。「蔓延している」というのは，日常生活の多くのことに影響を及ぼしているという意味です。根本信念が考え方の強固な基礎になっていると，影響を受ける出来事が日常生活で多くなります。

　たとえば，「夫は私を愛していない」というある女性の根本信念は，当然，夫との関係に影響を及ぼしますが，彼女のもっと奥深くにある根本信念「私は他の人から愛されない」は，夫との関係だけでなく，他の多くの人間関係に影響を与えます。

　私たちは，自分と周りを取り巻く環境，世界について，いくつもの根本信念をもっています。たとえば，日本で片側2車線の道路を運転しているときには，「今，自分は左車線を走っているから，追い越す車は右車線を走る」という信念をもっています。この信念がなければ，2車線道路を運転できませんし，運転しても大混乱に陥るでしょう。

　本来，根本信念は意識されません。「あなたは，どのような根本信念をもっていますか？」と尋ねられても，おそらく上手く言えないでしょう。何か答えたとしても，それはあなたの考え方にすぎません。

　考え方は，ある状況に特定して生じる，その状況に関する解釈です。あなたは，その状況を「見て」，何らかの解釈をするわけですが，その解釈は根本信念から影響を受けています。たとえば，妻が夫に対して，次のような根本信念をもっているとしましょう。

夫は私を愛していない。

　バレンタイン・デイに，夫が花束を買って帰り，「大切な君へ。バレンタイン・デイに愛を込めて贈るよ！」と妻に手渡しました。後日の夫婦療法カウンセリングで，夫はこう言います。「先生，私には妻のことがさっぱり理解できないんです。バレンタインだったので，私は花束を贈りました。すると妻は，そんなもの見たくもない，どこかにやってくれ，と言うんですよ」。妻は，夫が自分を愛していないという根本信念のために，夫が花束をくれたことをどのように考えたと思いますか？　可能性のある答えは以下のようなものです。

夫は，私に何か見返りを望んでいるに違いない。
夫は，私に罪悪感を抱いているに違いない。
夫は，義務感から私に花を買ったに違いない。

バレンタイン・デイの翌日，夫は少しばかり妻の手伝いをしたのですが，それに対して妻の考え方は次のようなものでした。

夫は，私に何か見返りを望んでいるに違いない。
夫は，私に罪悪感を抱いているに違いない。
夫は，義務感から私を手伝ったに違いない。

夫が妻に何か「良いこと」をするたびに，このような考え方に影響を受けた彼女の解釈や意見が瞬間的に動き出します。

妻がもっと奥深い根本信念をもっているとしましょう。たとえば，「私は他の人から愛されない。私には何か足りない部分がある。だから，他の人がもし本当の私を知ったら，私のことを好きにならない」という信念です。彼女の日常生活で，どれだけ多くのことがこの信念から影響を受けるかわかりますね？　なぜ彼女が，夫は自分を愛していないと思い込むのかだけでなく，なぜ彼女が，他の人との接触を避けるのかも，これで理解できます。

これを図解するとどうなるか見てみましょう。

▌RLT が根本信念に焦点をあてる理由

私たちが実際以上の問題を抱えてしまうことが，先の例からよくわかります。もし彼女に，問題をいくつ話し合いたいか尋ねたら，おそらく「3つ」と答えるでしょう。しかし，彼女の根本信念「夫は私を愛していない」が間違っているとしたら，実際にはたったひとつの問題（誤った思い込み）だけが話し合いの対象になります。たったひとつの問題が，3つの問題を抱えているような印象を彼女に与えているのです。

根本信念に焦点をあてると，セラピーの進行が速まります。根本信念に焦点をあてると，セラピストはすべての問題に共通する原因に働きかけることができます。それは，ひとつの問題の解決に注がれたあなたの努力が，他の問題にもつながるための働きかけにもなります。

また，根本信念に焦点をあてることは，長期的な良い結果を生み出します。なぜならば，症状に働きかけるだけでなく，その症状を起こす原因に取り組み，修正できるからです。たとえば，何人かが集まって話しているところにある人が通りかかったとします。ちょうどそのとき，その人たちが笑いだしました。この状況では，多くの人が自分のことを笑われたと考えがちです。一般的なセラピーでは，クライエントとセラピストとの間で次のようなやりとりがあるかもしれません。

セラピスト：その人たちが，あなたのことを話していたとか，あなたを笑ったという証拠が何かありますか？　あなたの名前を呼ぶとか，あなたのことを変だと言ったとか，何かそんなことはあったのですか？

第4章 考え方と根本信念 | 077

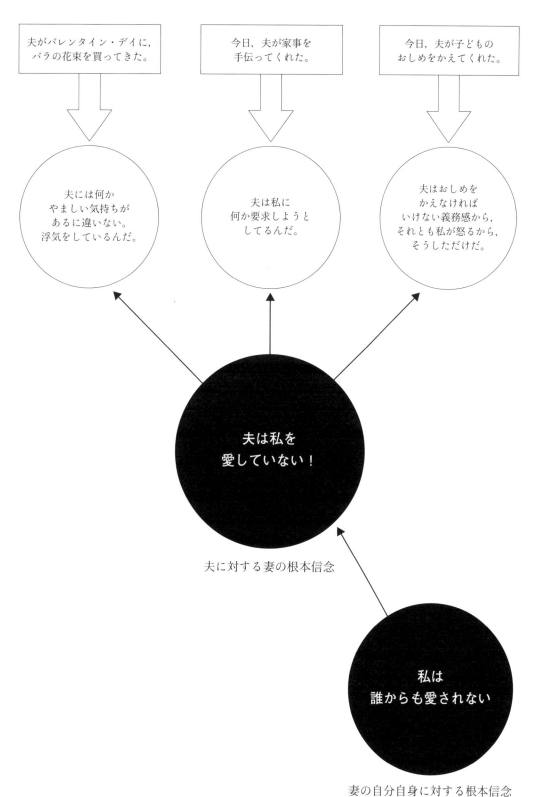

クライエント：いや，ただ突然笑いだしただけです。

セラピスト：それなら，その出来事は，偶然による可能性がとても高いですね。その人たちは，あなたのことを笑ったのではないのでしょう。あなたが笑われたと思うことは無意味ですから，忘れてしまったほうがいいですよ。

　一見すると，上手く説得できているように見えますが，セラピーとしては不完全です。私なら，なぜクライエントが，1週間も前に起こった出来事でいまだに心乱されているのかについて考え，クライエントと一緒にアプローチをもう一歩進めます。

私：では仮に，その人たちが本当にあなたのことを笑ったとしましょう。あなたは気にしていますが，なぜそれがあなたにとって悪いことなのですか？

クライエント：ただ，笑われるのが大嫌いだからですよ。我慢できないんです。

私：そんな状況では，笑われたと考えるのはとても自然なことですが，なぜその人たちがあなたのことを笑ったと考えたのか，何か特別な理由はありますか？　他の人があなたを笑う理由があると思いますか？

クライエント：うーん……。自分は背が低くてカッコ良くないと，いつも考えているからかな？

　もしセラピストが，ただ単に「結論へ飛躍」しないようにクライエントにアドバイスしたとしたら，そのクライエントはその後も同じような状況で，同じ心配をいつも抱くことになるでしょう。その理由は，彼には問題のある根本的信念が2つあるからです。それは，

「笑われることは，我慢できないくらい最悪なことだ」
「私は，背が低くて全然カッコ良くない」

　クライエントの生活に長期的な良い結果をもたらすには，この2つの根本信念を修正しなければなりません。そうでなければ，問題はただ中断するだけです。同じような状況に遭遇すれば再び動きだす「待機状態」にすぎず，問題の解決は何らなされていないのです。

　セラピストは，あなたに次のような問いかけをします。

なぜそれは，あなたにとって悪いことなのですか？
もしそれが本当なら，それはあなたにとってどのような意味がありますか？

この質問の答えは，あなたの根本信念を発見するために役立つでしょう。

第5章
あなたが抱えている問題について

　論理情動行動療法（REBT）の創始者であるアルバート・エリスは,「個人が抱える問題」には2つのタイプがあると指摘しました。すなわち,実際的問題と感情的問題です。RLTもこの分類を採用しています。

　実際的問題とは,私たちの目標達成を難しくする状況や環境を指します。たとえば,あなたの車が仕事に行く途中で故障してしまったら,故障した車が実際的問題になります。車が故障したことで仕事へ行くという目標を達成できなくなり,その日のサラリーが支払われなくなり,ローンの支払いが滞るかもしれないからです。

　感情的問題とは,たいていの場合,実際的問題への反応を指します。実際的問題によって心が動揺することです。故障した車の例で,もしあなたが必要以上に怒りを感じたら,その怒りが感情的問題になります（ただし,ここでいう感情的問題とは,気分障害や不安障害などを指すわけではありません）。

　仕事に行く途中で車が故障して,そのせいでとても惨めな気持ちになったら,車の故障という「問題」を抱え込んだとあなたは思うでしょう。しかし実際には,あなたは2つの問題を抱えているのです。つまり,故障した車（実際的問題）と惨めな気持ち（感情的問題）です。

　私たちは,なるべく問題が起こらないよう願うものです。では,もし,車の故障と惨めな気持ちという組み合わせと,車の故障と平穏な気持ちという組み合わせという2つの選択肢があったらどちらを選びますか？　このとき,次の事実も考えてください。故障した車は,あなたがどのように感情的に反応しようと直らないということです。車の故障は,あなたが幸せだろうが,平穏だろうが,惨めだろうが,関係ありません。だから,車が故障してもどうすれば平穏でいられるかを学んで,問題を半分に減らしたほうが得ではないでしょうか？

　これは,「己に打ち克つ」ことの本質です。私たちがどのように反応しようと「現実」とは無関係です。現実は変えようがないのですから,私たちが平穏な反応の仕方を学ぶべきなのです。これに気づくだけで,困難な状況や日常生活で生じる失望に対して,効果的に対処できるようになります。どのような状況にも応用できる優れた合理的な言葉は次のものです。

私がつらさを感じようが感じまいが関係なく問題は生まれるのだから,
あえてつらさを感じる必要はない

　実は,「問題」には3番目のタイプもあります。それは,バーチャルな（仮想の）問題です。私たちは,現実には問題がないのに,あると考えてしまうときがあります。あるいは,問題の

程度を誤ってとらえてしまうことがあります。具体的に言うと，私たちは，実際に車は快調に走っているのに故障するかもしれないと考えることがある，ということです。あるいは，故障の程度を実際以上に深刻で複雑だとみなしてしまうことがある，ということです。

どんな状況でも気分を晴らす合理的方法を見つけることができる

これは大胆ですが的確な意見です。自分で自分を不幸のどん底へ陥れたり，へまをしたりするときは，次の誤りのうちのどちらかをやっています。しかし，その誤りは直すことができます。

(1) 自分が置かれている現実の状況を誤解している。本当は心が動揺する必要のない状況でも動揺してしまっている。あるいは，本当ではないことに反応してしまっている。
(2) 自分が置かれている状況を正確に把握しているが，心の動揺が必要，重要，避けられないと考えているか，別の反応が生じるのはおかしいと考えている。しかし，他にどのように反応してよいのかわからないだけのことも多い。

自分が置かれている現実の状況を誤解すると，状況に対して不適切な働きかけをしてしまいます。たとえば，ある人が腕にしこりを見つけて，本当は無害なものであるにもかかわらず，癌になったと考えたとします。もしその人が，もうすぐ死ぬのだと考えたら，じわじわと痛い思いをするよりも自殺したほうがいいと（不合理に）決心してしまうかもしれません。

もしそのしこりが，本当に癌だったらどうしましょう？　このようなケースでは，認知行動療法が役に立ちます。認知行動療法は，直面する現実をより平穏に受けとめる方法をクライエントに伝えます。ここで癌を例に出したのは，多くの人が自分や愛する人が癌だと考えるだけで，パニックなるからです。なぜでしょう？　それは，多くの人が，恐怖は当然必要なこと，重要なこと，避けられないことだと信じているからです。気遣いに満ちた平穏な反応も可能だということを知らないだけだとも言えます。

次の章では，これら2つの間違いを修正する方法を説明します。

第6章
3つの合理的質問

　あなたはすでに，自分の考え方が感情と行動を導くことを理解しました。そして，望まない感情と行動を生み出す考え方を上手に，かつ批判的に検討することがいかに大切かを理解しました。合理的な考え方をすることで気分が晴れ，上手く行動できるようになります。逆に言えば，不合理的な考え方は，気分を落ち込ませたり，いらだたせたり，望まない行動をさせてしまうので，取り除いたほうがよいということになります。

　合理的な思考と不合理的な思考は，どうやって見分ければよいのでしょう？　そのひとつとして，3つの合理的質問で私たちの考え方を検討してみる方法があります。この3つの質問は，精神科医マキシー・C・モールツビーが提案した「合理的思考の5つの指標」に準じています。

3つの合理的質問

1. 私の考え方は，事実に基づいているだろうか？
2. 私の考え方は，目標を達成するために役立つだろうか？
3. 私の考え方で，感じたい感情が湧いてくるだろうか？

3つの質問への答えが全部「はい」ならば，あなたの考え方は合理的ということになります。

　モールツビーは，合理的行動の指標を最初に見出した認知行動療法家です。彼の「合理的思考の5つの指標」は，自分の力で客観的に問題のある考え方を発見できるという意味で重要です。私は「合理的質問」を3つに絞りましたが，残りの2つ，「私の行動は，私の生活と健康を守ってくれるだろうか？」と「私の行動で，他の人との望まない摩擦を避けることができるだろうか？」もとても役に立ちます。この5つの指標の詳しい内容については，モールツビーの『いつでもどこでも望ましい対処をするために』(Coping Better, Any Time, Any Where)に書かれています。

　それでは，3つの合理的質問をひとつずつ見ていきましょう。

合理的質問1──「私の考え方は，事実に基づいているだろうか？」

　この質問は，言いかえれば「私が考えていることは，物事のありのままの姿を反映しているだろうか？」ということになります。多くの人は，自分の考えていることが事実に基づいていると思い込んでいるか，事実に基づいているかどうかをチェックしないかのどちらかです。私たちが自分自身に話しかけるとき，次の3種類の言い方があることを覚えておいてください。

冗談，嘘，心からの発言

　私たちは何か冗談を言うとき，それがただの冗談だとわかっているのであれば，自分の言った冗談に従った行動はしません。私たちは自分が言ったことが思っていることではないとわかっているとき，その嘘に従った行動はしません。私たちは，唯一，心からの発言に従って行動をします。しかし，問題は，私たちが真実だと信じていることは，事実に基づいている必要はないということです。脳にとっては，考えていることが事実かどうかはどうでもよいのです。脳は，私たちが心からそのことを信じているかどうかだけに関心があります。私たちが何かを心から信じると，脳はそれに従って体に指示し，反応させます。

　皆さんがよく知っている，わかりやすい例があります。かつて，ヨーロッパ人は世界が平らだと信じていました。ある地点から先は滝のようになっているので，そこに至った船は世界の端から落ちてしまうと考えていました。彼らはある地点を超えて航海することはできないと考えていたわけです。しかし，クリストファー・コロンブスが，皆が心から信じていることは事実に基づかないことを証明しました。彼は世界が丸いと心から信じていました。その信念のおかげで，他の人の常識を超えて航海し，新大陸を発見できたのです。

　ほとんどの人が，この1番目の質問に，「もちろん，私の考え方は事実に基づいていますよ」と答えます。だから，次に示すような，自分の考え方をもっと客観的に検討するのに役立つテクニックを知っておいたほうがよいのです。

┃ 感じ方のカメラ・チェック

　考えていることが事実に基づいているかどうかを判断するテクニックのひとつとして，感じ方のカメラ・チェック（Maultsby, 1984）があります。このテクニックでは，次のように自問します。「もし，この状況を写真に撮ったり，ビデオ・カメラで録画したりして後で見てみたら，そこには私が考えた通りの状況が映しだされるだろうか？」。

　人間の脳とカメラは似ています。どちらも情報を取り入れ，視覚的イメージをつくりだします。しかし，カメラは，目の前にあるものをそのまま映しだすだけです。カメラは画像に何ら足し算も引き算もしません。機械の調子が良くないとか特殊な機能を使わない限り，元の画像をゆがめることもありません。一方，人間の脳は，カメラのような機能制限がありません。人間の脳は，余分な画像を加えたり，画像から何かを取り去ったり，私たちが見ていることに関して考えていることや信じていることから影響を受けたりして，元の画像をゆがめてしまいます。

　よくある例を挙げてみましょう。誰かが私に「スージーは，あのパーティに来ていた？」と尋ねたとします。もし私が，スージーはいつもパーティに来ると信じていたら，私はそのパーティのことを少し考え（パーティの場面を思い浮かべて），それから「ああ，いたよ」と答えるでしょう。実際には彼女が来ていなかったとしても，私はついうっかり彼女の姿を自分の心のなかの写真に入れてしまうのです。

私たちが理解している状況は，カメラが映しだすような正確なものとはとても言えません。理解が正確でなければ，状況への反応は不適切なものになるでしょう。

　ある夫がいくらかうつ気分になっているとしましょう。「妻はいつも私を怒鳴っている。彼女はいつもいつも怒鳴るんだ」。感じ方のカメラ・チェックを使って，私は彼にこう尋ねてみます。

　私：もし，私たちがビデオ・カメラをあなたの家に設置し，先週1週間に起こった出来事をくまなく撮影して，一緒にそのビデオを見返すとしたら，奥さんがいつもあなたを怒鳴っている様子が映しだされますか？　そうでないと私は思っています。だって，いつもという言葉は，どんな意味ですかね？
　クライエント：ええと，いつもというのは，四六時中，1日24時間，1週間ずっと，という意味でしょうね。
　私：その通りです。では，カメラが映しだす状況はその言葉通りのものでしょうか？
　クライエント：いや，違います。
　私：そうですね。実際にカメラはどのような状態を映しだすでしょうか？
　クライエント：火曜日と，ええと，金曜日に，妻が私を怒鳴っているところかなぁ。
　私：あなたが，「妻はいつも私を怒鳴っている」と言ったときと，「妻は時々，私を怒鳴る。それは，私が我慢できる回数を超えている」と言ったときとでは，明らかにあなたの味わう気分が違いますよね。

　感じ方のカメラ・チェックは，私たちが体験した事実をそのまま見ているかどうかを確認するために役立つだけではありません。私たちが何を意味して言ったのか，私たちが自分自身に向かって言った言葉の意味するところは何かを確認するためにも役立ちます。

　「妻は私をいつも怒鳴っている，と言ったのは，彼女が1日24時間，1週間ずっと怒鳴っているという意味ではないんだ」と言われるかもしれません。しかし脳は，あなたがどのようなつもりで言ったのかには関心がありません。脳は，あなたが何を言ったのかということだけに注目します。たとえば，パトカーに乗った警官があなたの車を止め，制限速度を20kmオーバーしたと言ったとしましょう。その警官は「交通違反のチケットを切ります。10万円の罰金です」と言います。あなたは，「10万円ですって？　法外だわ！　なんでそんな高いのよ？」と憤慨します。すると，警官が「ああ，すみません。私，10万円って言いました？　1,000円と言ったつもりだったんですけどね」と言いました。警官が言葉を訂正するまで，あなたにとっては警官が言った言葉が重要でしたか？　それとも，警官が意味することのほうが重要でしたか？　明らかに，警官の言った言葉が重要でしたね。同じことが，自分自身に話しかけるときに起こるのです。

　私たちが言葉で考えることは正確である必要があります。思考はいくつかの文からできており，ひとつの文はいくつかの単語からできています。だから，一文中の一つひとつの言葉は重

要なのです。

ちょっとした心理学の講義

ロシア人科学者イワン・パブロフは，犬の消化機能について研究していました。パブロフは，犬の胃から直接胃液を採取できる機械を使いました。犬を飼っている人はご存じの通り，犬は餌を見るとよだれを垂らします。餌を見てよだれを垂らすことを犬はいちいち学びません。それは生まれつき備わった能力だからです。しかしパブロフは，偶然，犬が餌を与えられるとき同時に付随する他の刺激，たとえば，餌が与えられるときに鳴るベルの音を聞いても，よだれを垂らすようになることを発見しました。この実験を通してパブロフは，古典的条件づけとして知られる心理学の重要な概念を明らかにしました。これは，実際には反応をつくりだす何かが，反応をつくりださない何かとある一定の期間に組み合わさって現われると，最終的に，本来は反応をつくりださないものが反応をつくりだすようになることを意味します。たとえば，次のようになります。

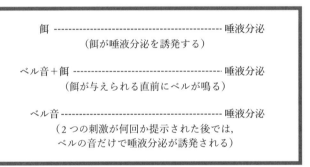

ベルの音と餌との組み合わせが続けて提供されたので，しばらくすると，犬がベルの音を聞いただけでよだれを垂らすようになったのです。

モールツビーは，「人間にとって言葉は，パブロフの犬のベルの音と同じような影響を与える」と述べています。私たちは子どもの頃から，言葉の意味に対して条件づけされます。思考で用いる言葉は，それに条件づけられた感情を生み出します。したがって，私たちは正確にものごとを考え，自分自身に正確に話しかけること，つまり，私たちが何を意味して言うのか，言うことは何を意味するのかを正確に表現することはとても重要だということになります。

言葉が条件づけられることを示すよい例として，私の母の例を取り上げてみましょう。私の母はイタリアで生まれ育ち，21歳のときアメリカにやってきました。それから長い間，母はアメリカに住んでいますが，いまだに「イタリア人の罵り言葉」は「アメリカ人の罵り言葉」よりも，きつくひどく聞こえると言います。基本的に，両方の罵り言葉の意味は同じにもかかわらず，です。母は子どもの頃，イタリア語の罵り言葉はとても悪いものだから，決して話してはいけないと条件づけられました。ところが彼女は，英語の罵り言葉については，同じような強い禁止のメッセージを与えられていません。だから，2つの言語の罵り言葉が同じ意味に

もかかわらず，母の英語の罵り言葉への反応は，イタリア語のそれよりも否定的でないのです。

したがって，何か感情が湧いてくるとき，私たちが自分自身に話しかける言葉はすべて重要です。感じ方のカメラ・チェックは，私たちが何を意味して言うのか，言うことの意味は何かをはっきりさせてくれます。ひとつ例を挙げましょう。何年も前の話ですが，私の最初のクライエントが「私の夫は薄汚いネズミよ！」と言いました。それから彼女は，夫がした，彼女が気に入らないことを話しはじめました。しばらくして，次のように話が進みました。

私：ところであなたは，先週私たちが話し合った3つの合理的質問のことを覚えていますか？

クライエント：ええ，覚えています。

私：あなたが覚えている通り，最初の合理的質問は「私の考え方は，事実に基づいているだろうか？」です。では，もし私が，あなたの夫をカメラで撮ってそれを1階の秘書に見せたら，秘書の目には何が映るでしょう？

クライエント：私の夫よ。

私：そうですね。では，秘書はあなたの夫を知らないとしましょう。すると，彼女の目には何が映るでしょう？

クライエント：ひとりの男よ。

私：その通り。そしてもし私が，このオフィス内の他のセラピストにその写真を見せたら，皆の目には，何が映るでしょう？

クライエント：ひとりの男。

私：そうです。さて，あなたは自分の夫のことを数分前に何と呼びましたか？

クライエント：ああ。彼のことを薄汚いネズミと言ったけれど，それはただのたとえよ。

私：いや，そうですかね。彼が本当にネズミに見えるわけではないことは私にもわかっていますよ。あなたが彼を薄汚いネズミと呼ぶとき，本当に汚いネズミを見たときに感じる気持ち悪さをあなたは味わっているはずです。薄汚いネズミのことをどう思いますか？

クライエント：吐き気がするわ！

私：そうですね。おそらくあなたは長い間，「薄汚いネズミを見たら吐き気がする」と考えていたのでしょう。だから，「薄汚いネズミ」と口にするだけで，吐き気がするような感情が心に湧いてくるのです。そうではないでしょうか？

クライエント：その通りよ。

私：だからあなたは，夫があなたに対してしたことがたいしたことではなくても，ひどく気分を害するように感じたのです。彼のことを薄汚いネズミと呼ぶことで，自分自身にもその言葉を投げかけて嫌な感情を呼び起こし，無意識のうちに問題を悪化させているのです。

クライエント：なるほどね。

私：では，考えてみてください。「あなたの気に入らないことをする男性」か，「薄汚いネズミ」か，あなたの夫はどちらでしょう？

クライエント：私の気に入らないことをする男です。

私：さあ，それでは，どちらの考え方のほうが楽な気持ちになりますか？

クライエント：彼は私の気に入らないことをする男っていうほうね。

私：そうですね。その表現だと，彼が実際あなたにしていることは何も変わりませんが，もっと正確に夫に対する気持ちを言い表わしているので，あなたの気分は前よりも軽くなりますよね。また正確な表現によって，あなたの彼への態度が変わるかもしれないし，あなたの態度の変化が夫のあなたに対する態度を変えることになるかもしれません。

このように，あなたが考えていることを正確に言い表わし，それがあなたの本当に意味するところになるよう努力してください。

┃ よくある思考ミス

事実を発見するもうひとつの方法は，あなたが，一般的に人間が陥りやすい思考ミスを犯しているかどうかを見極める方法です。次の章ではそれぞれの思考ミスについて詳しく説明し，それらによってあなたの考えていることがどのように事実から離れていってしまうのかを学びます。

ここでは，あなたが自分の考えていることに対して探偵のように振る舞うことを強くお勧めします。あなたの考えていること全部を調べる必要はありません。あなたが気にかけている分野やことがらに関係するものだけで結構です。そのとき，あなたの考えていることが当たり前だと思い込まないでください。それを避けるために，次のように自問してみましょう。

- 私は自分の考えていることが正しいと証明できるだろうか？
- 私は自分の考えていることが間違っていると証明できるだろうか？
- 他に説明が可能だろうか？
- 証拠は何だろうか？

考えたことが事実に基づくかどうかをチェックしていないために，事実に基づいているとはっきり言えないこともあるでしょう。心配な状況について知識をもっている人に尋ねてみたいと思うこともあるでしょう。たとえば，ある男性が腕にしこりがあるのを見つけたとします。彼は即座に，「これは癌に違いない」と考えました。この時点で，彼は自分が癌だと断定できるでしょうか？　断定できませんね。それでは，癌ではないと断定できますか？　これも断定できません。重要なことは，どちらとも断定できないことを認め，そのしこりを医者に診てもらうことです。

┃ 「合理的質問1」のもっと役に立つ応用方法

あなたは今までに，自分の考えが間違っていたらいいのに，と願ったことはありますか？次のページの表に，あなたが間違っていてほしいと願ったことのある考えを何でも書き出して

ください。今の時点では，あなたが考えたことが実際に間違っていると信じていなくても結構です。ただし，間違っている可能性が高い，ということは認めてください。

合理的質問2──「私の考え方は，目標を達成するために役立つだろうか？」

あなたが目標を達成するために役に立たない考え方，または，あなたの目標に反する考え方はどれも，合理的質問2をパスできません。「私は明日の試験に合格できない。だから勉強するのはやめよう」という信念は，合格という目標達成には絶対に役に立ちません。だから，この考え方は合理的質問2を通過できないのです。

時々，ある考え方が，間接的に私たちの目標達成をはばみます。ある女子学生がテスト前日の夜に勉強していると，ボーイ・フレンドから電話があり，約束をしていた今週末のデートができなくなってしまったと言われたとしましょう。「ひどい人。私をないがしろにしている！」と彼女は文句を言います。彼に対する信念と，その結果湧き上がった感情の揺れのために，彼女は勉強をやめてしまいました。翌日のテストの結果は，彼女が期待していたほど良くありませんでした。ボーイ・フレンドに対する彼女の信念はテストとは何の関係もないのですが，間接的に彼女の行動に影響を与えたのです。

合理的質問3──「私の考え方で，感じたい感情が湧いてくるだろうか？」

もしあなたが，感じたくない感情を味わっているのだとしたら，その感情を生むあなたの考え方は合理的質問3をパスできません。この合理的質問3は，アルコール，薬物，またはその他の危険な行動をせずに，感じたい感情を抱くことを奨励しています。

ところで，合理的（Rational）とは何か？

合理的とみなされる考え方は，3つの合理的質問すべてにパスする必要があります（つまり，3つとも「はい」という答えになることです）。もし，あなたの考え方が合理的ならば，生活の役に立つので，それを続けてください。3つの質問に対して1つでも答えが「いいえ」の場合，あなたの考え方は不合理です。もしそうなら，どうやってこれ以上不合理に考えないようにするかを学ばなければなりません。そして，新しい合理的な考え方を発見して不合理な考え方と置き換え，その新しい考え方を心地よく感じられるようになるまで繰り返し練習をしましょう。どうしたらそれができるかは，この後の章でわかります。

合理的に考えることは，ポジティブに考えることでは必ずしもありません。単なる「ポジティブ思考」は，事実に基づいて考える必要はなく，ただ気分が晴れるように感じるだけです。たとえば，何カ月も前からハイキングの計画を立てていたのに，前日の天気予報が「明日の降水確率は80％です」と言ったら，とてもがっかりしますよね。「ポジティブ思考」なら，「天気予報は80％雨が降ると言っているが，私は降らないことを信じるとしよう」となります。合

間違っていてほしい私の考え方

心がかき乱される考え方

どうしてそれが間違っていてほしいと望むのか？

例：「私と付き合いたい女性なんて，誰もいない」

もし私が間違っていれば，私にはそのうち恋人ができる。

例：「私が存在している意味はない」

もし私が間違っていれば，もっと気分が晴れる。

理的な考え方では，「明日はできれば晴れてほしいけれど，どうも雨らしい。もし雨が降ったらがっかりするなぁ。でも降ったとしても，がっかりしないようにしよう。雨が降ったときのために，もうひとつ別の計画を立てておこう」となります。

▌特別な注意事項

　セルフヘルプの方法は，個人的に大変な出来事が起きたときに一番効果的であることが理想です。合理的セルフ・カウンセリングは，練習を通してそのように活用できるようになります。この本で紹介されているテクニックと概念は，次のような効果をもたらします。

(1) ある状況に対して起きた心の動揺について，後から合理的に分析できるようになります。
(2) 個人的に大変な状況にいるとき，心の動揺を最小限に抑えるためのセルフ・カウンセリングを合理的に行なうことができるようにします。
(3) 合理的に問題を予測し適切な準備を行なうことで，心の動揺を防ぐことができるようにします。

　この本に書かれているテクニックをどれだけよく知っていても，日々の生活で合理的に処理できない新しい状況に直面して，心が動揺することがあるでしょう。しかし，似たようなことがらに対して繰り返し心が動揺しないようにするためには，継続してテクニックを練習する必要があります。

　あなたの望まない感情や行動を「感情のABC」にあてはめ，分析することを繰り返してください。あなたは，徐々に，似たような状況で起こる考え方に3つの合理的質問を応用できるようになるでしょう。あなたが合理的質問を応用した例をセラピストと共有してください。

　さあ，あなたはもう，3つの合理的質問の内容がわかりました。次の章では，私たちが陥りやすい，よくある思考ミスについて説明します。これらの思考ミスを理解することで，あなたの考え方が事実に基づいているかどうかを，より的確に判断できるようになります。

第7章
よくある「思考ミス」
「常識だと考えられていることが，実はナンセンスだったりする」

　人間の脳は，私たちが理解しているよりもずっと高い機能をもっています。脳には体の各器官を積極的にコントロールする役割があり，体のほぼすべての活動を監視し，コントロールしています。脳は，体温が高すぎること，低すぎること，十分に睡眠や栄養を取っていないことなどに注意を向け，それらを正常化するように働きかけます。

　しかし，脳は感情が高ぶっていると，とても受身になります。あなたの脳は，あなたが何を考えようと，合理的な思考をしようと，不合理な思考をしようと気にしません。また，望ましい合理的な思考だけをするような機能が，脳に生まれつき備わっているわけではありません。つまり，間違った不合理な思考をフィルターにかけて排除するような機能はないということです。あなたの脳は，あなたがどう考えているかに沿って，湧いてくる感情を体で感じるようにします。

　私たちは，自分の信念が間違っているとはめったに考えません。ですから，疑い，心配，恐れ，すべきこと，絶対必要なこと，などに関する考え方が，心のなかにいつでも自由に入ってくるのです。それらの多くは何の検討もされません。したがって，問題のある考え方は容易にあなたを不幸な気分に突き落とすことができます。しかし，これからは，問題のある考え方が勝手に心のなかに入ってくることを防ぎましょう。その代わり，どうやって合理的に解決するのかを学びましょう。

　認知行動療法の目標のひとつは，不合理な思考のフィルターをあなたの頭のなかにつくることです。このフィルターを備えることで，あなたは問題のある考え方を見つけることができ，その結果，それを防ぐことができるようになります。本章の「よくある思考ミス」を学べば，そのフィルターをつくることができます。

　思考ミスの種類はたくさんありますから，すべてを覚える必要はありません。重要なことは，次に挙げる 26 個の思考ミスを理解することです。そうすることで，他の人もこれらの思考ミスをもっていることに気づくようになるでしょう。

よくある思考ミス

　最初の 10 個の思考ミスは，精神科医アーロン・ベック（Beck, 1976）によって発見され，後にデイビット・バーンズ（Burns, 1980）も詳しく紹介しています。私は，これらをさらに 26 個に発展させました。

①全か無か思考

　私たちは,「全か無か」の枠だけでものを考えると, 無意識のうちに自分自身をだまして大きな幸せを逃してしまいます。「全か無か思考」は,「白か黒か」「100％か0％か」という視点だけで物事を見てしまう思考ミスです。昔ながらの「オン／オフ」スイッチしかない電灯は, 点灯するか消えるかのどちらかだけです。ところが, 生活上のほとんどの物事には, 明るさを調節できる電灯のように, 中間地点があります。

　私たちの生活で, 中間地点がないものはほとんどありません。次のような考え方が,「全か無か思考」の例です。

　人間は不細工か顔がいいかのどちらかだ。
　人間はバカか賢いかのどちらかだ。
　人間は太っているか痩せているかのどちらかだ。
　他の人を信じるか信じないかのどちらかだ。

　こういう考え方をする人は, 自分のことを次のように言います。「私は可愛くない。ということは, 私はブスなんだ」「私は頭が良くない。ということは, 私はバカなんだ」「私は痩せていない。だからデブに違いない」「私の恋人は, 私に気づかずに前を通り過ぎたことがある。だから彼のことはぜんぜん信用できない」。

	魅力の程度	
本当に 不細工	---	本当に 美しい
	知性の程度	
本当に バカ	---	本当に 賢い
	身体のサイズ	
本当に 痩せている	---	本当に 太っている
	信用の程度	
完全に 信用できない	---	完全に 信用できる

「全か無か思考」は，目標への到達を妨害します。私たちはよく次のように言います。「もし私が1年間に1,000万円稼げなければ，まったく働いていないのと同じだ」（まるで，500万円稼ぐ努力はまったく価値がないという態度），「もし試験でAを取れないのなら，私は勉強しない」（まるで，試験に落ちるよりも合格ぎりぎりの点数を取ることのほうが悪いかのような態度。あるいは，試験に合格するだけなら，努力するのはまるで無駄だといわんばかりの態度），「もし理想通りの女性が見つからないなら，僕は結婚しない」（まるで，女性が理想に近い人であっても，理想そのものでなければ結婚しないほうがよいという態度）。

　私は，次の例のように，体重を減らそうとしている人が「全か無か思考」に陥っているのをよく見聞きします。

　　　「私は自分のダイエット・プランを月曜日から開始しました。私のプランでは，クッキーやキャンディのような甘いものはすべて避けることになっていました。木曜日までは，本当に上手くいっていました。ところが木曜日，夫がドーナツを12個買ってきてキッチン・カウンターに置いたんです。私はそのドーナツを眺めて，1つ食べる分には影響ないだろうと思ってしまいました。それでドーナツを1つ食べました。しかしその瞬間，私はひどく動揺しました。そのときまで私はダイエットをきちんと行なっていたのに，ドーナツを1個食べてしまったために，ダイエットを完全にやめたことになってしまったからです。私はダイエット・プランをぶち壊してしまったのです。それで，私はそのまま残りのドーナッツを全部食べてしまいました」

　ドーナツを1個食べたことが，客観的に見てどの程度ダイエット・プランから脱線したか，ということは考えずに，私たちはこのような「全か無か思考」を頻繁にします。

　完全主義は「全か無か思考」の最たる例です。「完全にできないなら，全然しないほうがましだ」「庭の芝生がすべて同じ長さに揃っていなければ，そんな庭はあっても仕方がない」。

　「全か無か思考」を示す言葉やフレーズは以下のようなものです。

- それは時間の無駄だ。
- それは完全にだめになったよ。
- 私はチャンスを完全にフイにしてしまった。
- 壊滅的だ。
- 彼女は完璧だ。
- 完全にめちゃくちゃになった。

物事には「中間地点」の可能性があると考えることで，「全か無か思考」のミスを避けましょう。

②過度の一般化

　過度の一般化とは，無意識の誇張のことです。過度の一般化でよく使われる2つの言葉は，「いつも」と「決して（全然）～ない」です。これら2つの言葉は，それが状況を正確に言い表わしているときには問題ありません。たとえば，私が「結婚して以来，妻は決して夕食に刺身を出したことがない」と言うのは正確です。なぜなら，本当に妻は刺身を出したことがないからです。しかし，妻が一度でも刺身を出したことがあるなら，「決して～ない」という言葉遣いは正確ではありません。

　「たった1回と，『決して～ない』との間に違いがあるのか？」と言う人もいるかもしれません。その人にとっては，1回でも「決して～ない」と言うべきなのかもしれません。しかし，「決して～ない」という言葉は完全な欠如を表わしますから，この2つは決定的に違います。次の例を見てください。

　クライエント：僕は自分の仕事を全然正確にできません。

　私：全然，ですか？

　クライエント：僕は工場の組み立てラインで働いているんですが，あるとき，1日の100回の作業のうちたった1回しかパネルを正確に付けられなかったんです。

　私：もっと多くのパネルを正確に付けられていたら，確かにそちらのほうが良かったですね。

　クライエント：その通りです。

　私：ただ私には，あなたは自分のしたことを少し誇張しているように聞こえます。あなたは，仕事を全然正確にできないと言いました。でも実際には，1回は正確に行ないましたね。

　クライエント：100回のうちの1回と，100回のうちの0回と，どう違うんですか？　全然できないのと同じですよ。

　私：その2つの違いは，「全然～ない」と言ったときにあなた自身に伝わる意味の違いです。「仕事を全然正確にできない」の意味は，あなたには仕事を正確に行なえる能力がまったくないということです。そうした能力がまったくないなら，あなたはやってみようと試すことすらしないでしょう。しかし，考えてみてください。あなたが1回でも仕事を正確に行なうことができたことから，何がわかりますか？

　クライエント：僕にはそれができるということ，ですか。

　私：その通り。重要なことは，100回のうちあなたが何回その作業を正確にできるかを検討してみることです。

　過度の一般化は，「いつも」と「決して（全然）～ない」という言葉を不正確に使うことで起こります。「いつも」という言葉の不正確な例は次のようなものです。

　クライエント：上司はいつも私を怒鳴っています。それで私も怒り狂ってしまうんです。

私：上司がいつもあなたを怒鳴っているというのは確かですか？

クライエント：ええ。いつも怒鳴っています。

私：そうですか。では，本当にあなたに向かっていつも怒鳴っているとしたら，どのくらいの頻度と時間で怒鳴ることになりますか？

クライエント：1週間毎日，1日24時間，ずっと怒鳴っているということでしょうか。

私：その通り。「いつも」の意味が，継続的に，やむことなく，ということはご存じですね。「いつも」は，「時々」や「たまに」とは違います。では質問ですが，上司は1週間のうち何日くらいあなたを怒鳴りますか？

クライアント：4，5日でしょうか。

私：では，1日に何回怒鳴りますか？

クライエント：たいてい1回だけです。

私：怒鳴りはじめると，1日中怒鳴っているのですね？

クライエント：いいえ。1回だいたい2分間くらい。私は大げさに言い過ぎでしょうか？

私：そうですね。1週間のうち毎日24時間と，4，5日間毎日2分間では大きく違います。もし，「上司は私が予想したよりも長い時間怒鳴っている」と「上司はいつも私を怒鳴っている」を比較したら，感じ方はどのように違うでしょうか？

　このように，「いつも」と「決して（全然）〜ない」という言葉を，正しく使っているかどうかを確認することはとても重要です。正しく使っていないと，実際に起こっていること以上にあおられた反応をすることになります。

　もうひとつの過度の一般化は，何かについてほんの少しの例を取り上げ，その特徴が全体の特徴だと思い込むことです。偏見は過度の一般化によって生じます。「あるアフリカ系アメリカ人に殴られたことがある。だから，アフリカ系アメリカ人は皆悪いやつらだ」「私が知っているカトリック教徒は大酒のみだから，カトリック教徒は皆大酒飲みだ」。これらは，明らかに過度の一般化です。誰か，何かのことをよく知る前に，勝手に意見をつくりあげてしまう原因となります。

　他の人や物事を「ケース・バイ・ケース」で見るようにして，過度の一般化を避けましょう。

③心理フィルター

　心理フィルターは，誰もが日常生活においてある程度の影響を受ける思考ミスです。心理フィルターとは，すでに考えたり信じたりしていることに一致する，またはそれに合う情報のみに注目したり認めたりすることです。それは，まるでブラインドを下ろしているようなものです。私たちの信念に反すると認識されると，その情報は信念に合うように修正されてしまいます。

　あなたは春にパリに行きたいと思ったことはありますか？　私はパリを一度も訪れたことがないのですが，春のパリが素敵なことは知っています。「ああ，あの春のパリ」（Paris in the Spring）

という有名な曲がありました。春のパリを味わえたらどんなに素晴らしいことでしょうか。

　上には何と書いてありますか？　「あの春のパリ」？　もしこの歌のタイトルに馴染んでいたり，あまり注意を払わないでいたりすると，そう見えてしまうでしょう。しかし実際には，「あの春ののパリ」と書いてあります。もしあなたが余分な「の」を見落としたとすれば，馴染み深い簡単な文が，固定された「ものの見方＝マインド・セット」をつくっていたからです。そのものの見方が，目の前の情報を見過ごさせてしまったのです。
　あなたが，自分自身を愚か者だとずっと考えていると，あなたは自分が知的であるという証拠（たとえば，「自分で税金を申告できる」とか「大学を卒業した」とか）に気づかなかったり，忘れてしまったりします。あるいは，自分が知的であるという事実を，自分の信念に合うように修正してしまいます（たとえば，「バカでも税金の申告はできる」とか「教授がいい加減だったから卒業できた」「私の大学はレベルが低いから卒業できた」）。
　心理フィルターは，私たちが恋に落ちたときにも活動します。恋に落ちたとき，恋人同士はお互いに対して心理フィルター（またはブラインド）をつくりあげます。恋する女性は，「彼は誰よりも飛びぬけて優秀で，素晴らしくて最高。彼のような男性は他に誰もいない。彼は悪いことを何ひとつできない人よ」と考えがちです。もし，友人が「あの男と付き合ってはだめ。彼は斧で人を殺す殺人鬼なの」と言っても，彼女はこう言い返すでしょう。「あら，私のジョニーがそんなことするわけないでしょ。彼が斧で人を殺すなんてあるわけないじゃない」。しかし，しばらくすると，彼らは情熱的な恋愛関係から「成熟した」恋愛関係に移ります。ふたりは以前よりももっと愛し合うかもしれません。しかし，夢心地の興奮状態は少し治まってきます（ありがたいことです。そうでなければ，私たちは決して何も成し遂げることができません）。この時期には，お互いに次のように言いはじめるでしょう。「あなたは変わった。以前のあなたではなくなった」。私たちが時間の経過とともに行動パターンを変えることは事実です。同時に，お互いの「ブラインド」が上がり，自分のポジティブなイメージに合ったことだけでなく，相手のすべてを見る作業が始まります。そのとき彼女は，逆に，「彼には何ひとつ良いところがない」という考え方を保証してしまう別のブラインドをもってしまうこともあります。
　心理フィルターは，自分の信念に反する情報を認めたくなくて意図的に使われるときもあり

ます。しかし多くの場合，それは無意識のうちに使われます。あなたは何かを直視することが難しいことがありますか？　何かを見つけるために机の引き出しをくまなく探して，それが実は目の前にあったのに目に入らなかったということがありますか？　これが無意識的な心理フィルターの例なのです。

　次の話は，実際に私に起こった，この上なく良い（しかし不運な）無意識的な心理フィルターの例です。

　私たち夫婦がバージニア州に住んでいたとき，近所に住むポールとリンダは私たちの親友でした。彼らはフロリダ州からリンダの出身地であるバージニア州に移ってきました。ふたりは仕事をリタイアして，リンダの両親が所有している農場の一角に家を建てて住んでいました。そこは彼女の両親の家のすぐ隣でした。

　その頃，私たちの最初の子ども，アルド・ジュニアが生まれました。息子は，妻が週末36時間もの陣痛に耐えた後の月曜日に生まれました。私の両親は孫に会うために，翌週の月曜日にピッツバーグから訪ねてきました。皆がずっと息子をかまっていたので，妻は息子を寝室に連れていって少し休ませることにしました。妻が寝室に行ったすぐ後，電話が鳴りました。ポールからでした。彼の声が動揺していたので，私は「ポール，何かあったの？」と尋ねました。ポールはこう答えました。「リンダが亡くなった」。何が起こったのか尋ねたところ，リンダがトラクターの運転を誤って車体ごと倒れ，地面に投げ出されて車体の下敷きになったというのです。私はポールに，何か役に立てることはないか尋ねましたが，「今は落ち着いていて，全部自分でできる」と言ったので私は電話を切りました。

　私は妻に，彼女の親友が亡くなったことを告げなければなりませんでした。妻にリンダの不幸を告げた後，私の父が「一緒にポールの家に行き，彼のために何かできることはないかを見てこよう」と提案したので，私は賛成しました。家を出る前，私は地区の教会に電話をして，リンダが亡くなったことを神父さんに報告しました。

　ポールの家に行く途中，父と私は，人生とはなんてはかないものだろうと話し合いました。私たちは，ポールはフロリダに戻るだろうと予想しました。彼の家に着いたとき，彼が義理の両親の家のポーチに立って大きく手を振っているのが見えました。私たちは車から降りて，彼を抱きしめました。それから彼は私たちを両親の家に招き入れました。

　私の父，ポール，そして私が台所に立って話していたときのことです。父も私も驚愕することが起こりました。リンダが部屋に入ってきたのです！　それはまるで，テレビ番組の「トワイライト・ゾーン」のワンシーンを見ているようでした。私たちの顎は文字通り落ちてしまい，話すことができませんでした。やっとのことで私はこう言いました。「リンダ，君は亡くなったと思っていたよ」。彼女はこう答えました。「私は死んでないわよ。私の父が亡くなったの」。ポールが電話口で言ったのは，「リンダの父が亡くなった」だったのです。しかし私は「リンダが亡くなった」と勘違いしたのです。ポールはリンダの父親がトラクターの下敷きになったことを説明していたのに，私はリンダがトラクターに乗っているところを想像し，すべての映像のなかで，リンダの父親と彼女とを入れ替えて話を聞いてしまったのです。

私たちはリンダの父親が亡くなったことを悲しみましたが，彼女が無事だったことに安堵しました。

　それから，私はとても戸惑いながら妻に電話をし，リンダが元気であることを伝えました。彼女は私の首をへし折らんばかりに怒りました。しかし，ふと私が窓の外を見ると，もっと困った状況が起こっていました。リンダが亡くなったと伝え聞いた教会の仲間が，バスに乗って到着したのです。彼らは今でも，この日のことで私をからかいます。

　「ポール，リンダはトラクターに乗って何をしていたんだ？」と質問しさえすればよかったのにと思います。私はリンダがトラクターを運転できないことを知っていたのですから，この質問さえしていたら心理フィルターは避けられたのです。

心理フィルターへの対策は？

　「人生で良いことなんてひとつもなかった。私の人生なんてまったく無意味だ」と言うクライエントが時々います。この信念は，たいてい彼らの人生経験を大変狭い見方でとらえた結果です。人生のすべての局面を意識するように促すと，たいていの場合は次の表のようになります。

私の人生

悪いこと	良いこと
くだらない仕事，口うるさい妻	健康良好，子どもたちと楽しむ，親友
雨漏りする屋根，請求書	妻がとても魅力的，よく食べる，ぐっすり眠る
怒鳴る上司	毎週土曜日の釣り，素敵な家をもっている
背が低くて太っている	親しいご近所さんがいる，良い教育を受けた
はげてきている	食べていける収入がある，楽に呼吸ができる
	よく歩くことができる，必要な体力はすべて備わっている
	子どもたちは私を愛している，素敵な車をもっている
	多くの潜在能力がある
	教会に喜んで通える

　見るものすべてを悪くとらえていたら，良いことに目をとめることはできません。短所を改善する目的で「悪いこと」を認めるという態度が間違っているわけではありません。私は，ある状況に関して，そのすべての側面を見ることがベストだと言いたいのです。

　心理フィルターの問題は，私たちの考え方を保証する情報のみに注意を払い，そうでない情報は捨ててしまうことにあります。朝起きたとき，「今日は自分が間違っていることを証明してみよう」と最後に心のなかでつぶやいたのはいつですか？　ただし，あなたが普通の人なら，このようにつぶやいたことはないはずです。

アマチュア弁護士テクニック

　心理フィルターを乗り越えるための秘訣は，意識的に，強いて，違う考え方を支持する証拠を探すことです。

　私がアマチュア弁護士テクニックと呼ぶこのテクニックは，新しい証拠を探すだけですから単純です。まず新しい信念を打ち立てます。あなたはそれを完全に信じる必要はありませんが，その信念は論理的なものにしてください。あなたは，自分が弁護士になったつもりで，裁判で被告を弁護するように，この新しい信念を弁護します。あなたの仕事は，裁判官にこの新しい信念は正しいと納得させることです。そのために1週間かけて用意しましょう。次の週までに，あなたが弁護する信念を支持する情報や考え方をすべて書き出してください。あなたは，それらが新しい信念を本当に支持していると信じる必要はありません（弁護士も時々，クライエントを本当は信じていないことがあります）。しかし，証拠をでっちあげたり，「つくりあげたり」することは避けてください。

　たとえば，自分自身のことを「バカだ」と思っている女性クライエントにカウンセリングをしているとしましょう。クライエントには少なくとも平均的な知性があると信じるに足る理由があるとします。私は彼女に，「私には少なくとも平均的な知性がある」という新しい信念を自分の考え方のなかに取り入れるよう勧めます。それから，「あなたは弁護士で，この信念を裁判で弁護するために雇われたつもりになってみましょう」と提案します。クライエントの仕事は，自分が平均的知性の持ち主であると裁判官を納得させることです。彼女は次のセッションまでにこの準備をしてくる必要があります。翌週，クライエントはこの信念を支持すると考えられる証拠をすべて書き出してきました。

私は間違うこともある

　「私は間違うこともある」という態度も，心理フィルターを避けるために役立ちます。間違っているかもしれないというだけでなく，間違っていることを望む場合もあります。あなた自身のこと，他の人のこと，あなたを取り巻く環境について，自分の考え方が間違っていればよいと願うことは何ですか？　自分が間違っていることを望んだり，間違う可能性を現実的に考えたりすることは，間違えるかもしれないという証拠を探す動機を高めてくれます。

④長所の値引き

　この思考ミスは心理フィルターと連動します。私たちは，自分のネガティブな信念が正しいことを裏づけるために，対象の長所を値引きます。ただし，ポジティブな信念を裏づけるために対象のネガティブな情報を値引くこともあります。

　落ち込んでいるときは，自分の人生の良い部分を値引きがちです。これが続くと，人生で良いことは何もないと信じるようになります。テストで「A」を取ったのは，先生が私をかわいそうと思ったからだとか，テストが簡単だったからだとか，誰でも簡単に「A」を取ることが

できたからだと信じていることもあります。この思い込みは，自分はバカだという信念を強めます（「バカは，テストで『A』を取ることはできない」からです）。

　合理的思考は，事実に基づいて行なわれます。事実というものは，私たちにとってポジティブなときもネガティブなときもあります。すべての事実を認めることは重要です。なぜなら，事実は私たちの信念を支持するとは限らないからです。

⑤結論の飛躍

　結論の飛躍とは，何かについての事実をじっくり検討せずに，性急に結論づけてしまうことです。事実に基づかないで見当違いなところに結論が飛んでいってしまうところが，結論が飛躍すると呼ばれる理由です。私たちは，必要な事実をじっくり検討するよりも，結論に飛躍するほうが楽なのです。コメディアンのステファン・ライトはこう言います。「結論とは，あなたが考えることに疲れたときにもたらされるものです」。この発言には多くの真実が隠されています。考えるためには忍耐力が必要です。その忍耐力とは，証拠としての事実を集めようとする態度のことです。

　結論の飛躍では，よく使われる 2 つの方法があります。ひとつはマインド・リーディング（読心術），もうひとつは運命占いです。

マインド・リーディング（読心術）

　マインド・リーディングは名前が示す通り，まるで他の人の心を読むことができるかのように振る舞うことです。それは，「彼はこう考えているかもしれない」と考えることではありません。マインド・リーディングとは，「彼はこう考えているに違いない」と考え，それに基づいて行動することです。

　マインド・リーディングが間違っている点は，まず，私たちは他の人の心を読むことができないという事実です。脳波のように，人間が「考えている状態にある」ことを教えてくれる精密機器はありますが，人間が何を考えているかを教えてくれる機械はまだありません。占い師でも，人間が何を考えているかはわかりません。私はそれを神様に感謝しています。もし他の人の心が読めたら，とんでもないトラブルを抱え込んでしまうでしょう。

　次のようにマインド・リーディングを正当化する人もいます。「あなたが私と同じくらい彼と長い付き合いなら，あなたも彼が何を考えているかわかるようになりますよ」。しかし，どれほど親しい人であっても，相手が何を考えているかはわかりません。相手と親しければ親しいほど，ある状況でその人がどのように行動し，反応し，発言するかを予想しやすくはなります。しかし，親しいからといって，その人の脳をのぞいて考えを読むことができるわけではありません。

　マインド・リーディングで「集めた」情報に基づいて行動すると，大きな問題を招きます。たとえば，ビルは仕事が長引いて，いつもより 2 時間遅く帰宅したとします。玄関に出てきた

妻のスーの顔を見て，彼はスーが何か言いたそうな顔をしていることに気がつきました。ビルはこう心のなかでつぶやきます。「スーは怒っているな。帰宅が遅れたから怒っているのがすぐわかる。仕事の都合で帰るのが遅れることもあるってことを彼女はよく知っているんだから，怒るのはお門違いだ。僕も同じように怒り返してやるぞ」。それでビルは「何が不満なんだ！俺だって忙しいんだ！」と怒鳴りました。すると，スーはこう言い返しました。「そんなに大声を出さなくてもいいじゃない！　あなたに不満なんてないのに！　あー，ムカムカする！一日中腰が痛かったことを聴いてもらいたかっただけじゃない！」。結局，ビルのマインド・リーディングは，つまらない言い争いを引き起こしてしまいました。どうやったら言い争いを避けることができたのでしょう？　ビルは妻の表情を見てから，こう自問することができたはずです。「スーは怒っているみたいだけれど，本当にそうかはわからないな。だからちょっと尋ねてみよう」。このアプローチは，スーに説明のチャンスを与えることになります。その結果，言い争いを避けることができたでしょう。

　私たちは，他の人を観察し，彼らの行動に基づいて何を考えているかを推測することがあります。しかし重要なことは，こうした推測は事実に基づく思考ではなく，思い込みにすぎないという視点をもつことです。

　特に，自分にはマインド・リーディングの能力があると信じている人は，次の例を考えてみてください。もしあなたが，私が1から4までのどの数字を考えているか当てることができたら，私はあなたに2万円差し上げます。もしあなたの予想がはずれたら，私があなたから1万円もらいます。私が数字を書き出したり，誰かに伝えたりしないと仮定して，あなたがその数字を当てるには次の2つのことが必要です。

　（1）あなたが私の選んだ数字を正確に当てること。
　（2）あなたが正確に当てたら，私が正直にそれを言うこと。

　もし私が「あなたの予想ははずれました」と言っても，本当は当たっていたかもしれないことや，私が嘘をついているかもしれないことを証明する方法は，あなたにはありません。あなたは喜んで1万円をとられるチャンスを試してみる気になりますか？

　マインド・リーディングが間違っている2つ目の点は，それ自体が無意味だということです。他の人が何を考えているかは私たちには関係ありません。彼らの考えていること自体は私たちに影響を与えません。私たちが気にするのは，彼らがどのように行動し，どのように私たちを扱うかです。ある男性が私の首を絞めたいと思っているとしましょう。しかし，彼がその考え方に沿って行動しない限り，私は安全です。彼がその考え方を実行に移したら，私にとってはとんでもないことになるでしょうが。ある女性が私に自分の財産を贈与したいと考えたとしても，彼女が行動に移さなければ，私には何の利益もありません。

　あなたが誰かに不快な態度を取られたとしたら，相手の意図を探るよりも，そのことについて率直に話し合って，態度を変えるように働きかけてみるほうが大切です。

運命占い

運命占いは，未来を予想することによる結論の飛躍です。マインド・リーディングと同じように，「それが起こるかもしれない」と考えるのではなく，「それは絶対起こる。私にはわかる」と考え，それに基づいて行動してしまいます。

運命占いの例としては次のようなものがあります。「試験に落ちるのはわかっているから，勉強するのはやめよう」「給料を上げてほしいと言っても，上司は絶対にだめだと言う」「このことで両親が怒るのはわかっている」。

たしかに，状況や人物をよく知っていればいるほど，将来起こることを予想しやすくなります。しかし，未来の出来事は確実に起こるわけではありません。目的のために予想が詳しく検討されれば，それは不合理ではありません。たとえば，広域マーケティング調査の結果，ある製品が大きな利益を生むと判断されたとしましょう。資金をその製品に投資する合理的な判断は，その調査結果の重要度に基づいて検討されています。

私たちは，予想したことに基づいて将来の計画を修正します。しかし，「試験に落ちるのはわかっているから，勉強するのはやめよう」という信念は，予言の自己成就に導く可能性があります。予言の自己成就とは，結果の予言が無意識のうちに，その予言を成就させてしてしまうことです。試験に落ちるとわかっていると信じることは，テスト勉強をしなくなる結果につながります。その試験に落ちた後で，たぶんこう言うでしょう。「ほらみたことか。この試験には落ちるって言っただろう」。しかし，勉強しなかったことが試験に落ちた原因になった可能性は高いわけです。「とにかく勉強する！」と決心していたら，結果は違っていた可能性があります。

運命占いでよく見られる例は次のようなものです。

クライエント：数学の試験の成績が悪かったんです。数学の単位は欲しいんですけど。

私：平常点でゲタを履かせてくれるかどうか，先生に聞いてみたら？

クライエント：あの先生にお願いしたってダメに決まってますよ。

私：どうして？

クライエント：だって，ダメだって言うのはわかっているから。

私：なぜそうだとわかるの？

クライエント：理由はありません。

私：（紙とペンを取り出し「ダメ」と真ん中に書いてある円を描く）あなたが私に言っていることは，将来何が起こるかを確実に告げてくれる水晶玉を持っているということと同じです。しかし，あなたは先生が「ダメ」と言うことを私たちに予言してくれる水晶玉を持っていないし，私は先生が「いい」と言うことを示す水晶玉を持っていません。ここまでは同意していただけますか？

クライエント：はい。

私：それでは，先生がダメだと言うと予想する理由は何ですか？

クライエント：先生は私が知っているクラスメート全員にダメだと言っているからです。

私：もし，先生がダメと言うか言わないかに大金を賭けるとしたら，あなたが言ったことから考えて，私たちはおそらくダメと言うほうに賭けるということですね？

クライエント：そうです。

私：でも，私たちは，先生が確実にダメと言うかどうかを教えてくれる水晶玉を持っていないので，過去に先生が他の学生にどれだけダメ出ししたかは関係ありません。あなたに聞きたいことがあります。先生に直接尋ねてみたら，あなたは何を失うのですか？

クライエント：先生は私を怒鳴りつけるかもしれません。

私：まあ，怒鳴られることが楽しいという人はいませんからね。あなたにとって数学の単位を取ることはどのくらい重要なことですか？

クライエント：とても重要です。

私：わかりました。それでは，あなたは以前に怒鳴られたことがありますか？

クライエント：もちろん。

私：何とかなりましたか？

クライエント：嫌な思いはしましたけどね。

私：確かにそうでしょう。でも，何とかなったのですね？

クライエント：そうだと思いますよ。死んではいないんだから。

私：それなら，先生が単位のための課題を出してくれるかどうかを尋ねてみることは，怒鳴られるリスクを取るだけの価値があるんじゃないですか？

クライエント：そうかもしれませんね。

　結論の飛躍を避けるためには，あなたの意見をよく練って，すべての事実を検討する時間を取りましょう。

┃⑥拡大解釈

　拡大解釈は，欠点の大きさを強調したり，質の高さの重要性を最小限に抑えてしまう思考ミスです。たとえば，多くの10代の若者は，鏡でニキビを見つけたときに次のように考えます。「これは世界記録並の大きさのニキビだ。パーティに来る人は皆このニキビを見るだろうなぁ。だからパーティに行くのはやめよう」。こう考えると，その若者はニキビで大いに悩まされることになるでしょう。また，法学部の女子学生が，自分の能力と知識は最低だと考え，さらに話し方が舌足らずだから弁護士にはなれないと悩んでいるとします。教授は，彼女には弁護士の才能があると言ってくれています。しかし，彼女は自分の可能性を「あてにならない」と信じ，その代わりに舌足らずな話し方だけに焦点をあてています。

　拡大解釈することを避けるために，次のように自問してみてください。

（1）私の短所は，私の目標達成を妨げる可能性が本当にあるだろうか？

（2）私の短所は，私の人生に悪い影響を本当に与えるだろうか？

（3）私の長所は，短所よりも今の状況に影響を与えるのではないか？

拡大解釈は，後で登場する「多すぎ少なすぎ問題」と関係していることがあります。

⑦感情がらみの推測

これは，そのときの感情の影響をそのまま受けて考えることを指します。たとえば，ある出来事に対して抑うつ的になっているときは，他の出来事も抑うつ的に考えやすくなります。このときのものの見方はとても悲観的で，悲観的になればなるほど，ますます抑うつ的になります。つまり，悪循環に陥るということです。

時には，体調に基づく感情も考え方に影響を与えます。疲労感が忍耐力をいかに弱めるか，私たちはよく知っています。また，病気に罹っているときは，問題を上手に解決できないことが多く，問題が実際以上に重要で困難なものに感じることもあります。

「感情がらみの推測」を避けるためには，まず，自分が物事を感情的に考えていることを認めましょう。これまでのレッスンで，あなたは自分の考えていることに注意を向けてきました。そして，自分が平静な気分でいるときの典型的な考え方に気づくようになっています。もし，今あなたの考えていることが，あなたの典型的な考え方とまったく違うなら，今の気分をはっきりさせましょう。そして，今の考え方が典型的なものとどの程度異なっているか，今の気分を反映しているのではないか，と自問してみてください。たとえば，次のような質問をしてみましょう。

こんなに心が動揺していなかったら，この状況について私はこのように考えるだろうか？

もし，答えが「心が動揺していなかったら，こうは考えない」なら，「感情がらみの推測」をやめましょう。

⑧不合理なレッテル貼り

何かにラベルを貼る，つまり名前を付けるということは，コミュニケーションにとって必要なことです。「コップ一杯のお水をいただけますか？」という問いかけに正しく答えるためには，何が「コップ」か，何が「水」か，ということを理解していなければならないからです。

しかし，付けた名前が間違っていたり，その行為自体が自分や他の人に対する見方を狭めてしまったりすると，それは「レッテル貼り」となり問題が起きます。レッテル貼りは，予言の自己成就を助長します。自分や他の人にレッテルを貼ったために，自分が予想した通りの条件や状況を無意識のうちにつくりだしてしまいます。もし，ある中学生が自分に「不良」という

レッテル貼りをしたら（または，周りから貼られた「不良」というレッテルを受け入れたら），彼はおそらくその役割を担うことになってしまいます。

レッテル

レッテルとは，対象を正確に表現していない言葉や文章をその対象に付けることです。レッテルには多くのかたちがあります。例として次のケースを挙げてみましょう。

クライエント：俺はただのマヌケなんです。

私：なぜ，自分のことをそんなふうに言うのですか？

クライエント：たくさんミスをするからです。

私：一番の問題点は，あなたが自分にマヌケというレッテル貼りをしていることですね。もし，あなたの写真を私の妻に見せても，彼女は「まあ，なんて素敵なマヌケの写真！」とは言わないでしょう。

クライエント：（笑って）言うわけないですね。

私：そうですね。妻は，映っている人は誰だろうと思うだけでしょう。さて，ご存知だと思いますが，辞書には言葉の横に絵や写真が添えられていて，その言葉の意味をわかりやすくしていますよね？

クライエント：ええ。

私：辞書で「マヌケ」という言葉を調べたら，その言葉の横に絵や写真が載っていると思いますか？

クライエント：載っているはずありません。

私：そうです。なぜなら，「明らかなマヌケ」という客観的なものは存在しないですから。マヌケのように振る舞う人間はいます。でもそれは，時々そんなふうに振る舞う人のことを指しているだけですよね？

クライエント：そりゃ，そうです。でも僕は，他の人よりも，ずっとたくさんマヌケなことをするんです。

私：それが本当かどうかを確認する必要がありますね。しかし，本当に他の人よりもずっとたくさんマヌケなことをするとしても，それは他の人よりも多くマヌケなことをするひとりの人間という意味でしかありませんから，「マヌケ」ではないのです。それに，もし「マヌケ」という生き物がいるとしたら，その生き物には何をする能力があると思いますか？

クライエント：マヌケのように振る舞う能力でしょうか。

私：では，そのような生き物をあなたは知っていますか？

クライエント：知りません。

私：知的能力が低い人はいます。しかし，彼らは知的能力の低い人間であって，「マヌケ」とか「バカ」とかという存在ではないのです。だから，自分にはFHB以外のレッテルは貼れないのです。FHBのことは説明しましたっけ？

クライエント：いや，聞いていません。

私：FHB とは「間違いを犯しやすい人間」（Fallible Human Being）の略です。あなたは他の人と同じように誤りを犯しやすい人間なのです。したがって，「私は＿＿＿＿です」の空欄に入るのは，「間違いを犯しやすい人間」だけです。

　私たちは，対象を正確に言い表わさないレッテルを自分や他の人に数多く貼っています。レッテル貼りは，心の動揺や，自分や他の人への狭いものの見方を生みだします。

　自分や他の人への狭いものの見方は，自分や他の人をどのように扱うかに大きな影響を及ぼします。米国の元副大統領ダン・クウェイル〔訳注：ダン・クウェイルはブッシュ（父）政権の副大統領〕は，不運にもひどいレッテルを貼られた人でした。彼は多くの人から「マヌケ」のレッテルを貼られ，メディアも彼をそう扱いました。「マヌケ」のレッテルは彼に対する国民のものの見方を狭くしたので，クウェイルは国政に関するすべての問題に卓見をもっていたにもかかわらず，誰もそう考えませんでした。なぜなら，「マヌケは賢いことを言えるはずがない」からです。

｜自分と他の人への見方を狭める

　よくあるレッテルには，うつの人，ラッキーな人，デブ，血の気が多い人，アル中，犯罪者，人殺し，会計士，弁護士，医者，電気技師，父，母，痴漢などが含まれます。覚えておいてほしいのですが，「うつの人」というのは存在しません。自分自身を落ち込ませている人間ならいます。医者も，生活のために医術を行なう人間です。

　次の例で，こうした区別の重要性がわかります。

クライエント：私の夫は会計士だから，家の電気配線がわからないの。

私：会計士だったら，どうして家の電気配線がわからないのですか？

クライエント：だって彼は会計士だから……。電気配線を知ってるはずないでしょう？

私：まず，あなたの夫は会計士という存在ではなくて，生活のために会計の仕事をしている人間です。だから，彼は会計の仕事に加えて，電気配線を知ることも可能です。もし，会計士という存在があるなら，それが知っていることは会計のことだけですね。でも，彼は会計の他にもいろいろなことを知っていると思いますが，どうですか？

クライエント：言いたいことはわかります。私は彼を型にはまったものとして見ているというわけね？

私：そうです。そのような型にはまったものの見方をレッテル貼りというのですよ。

　「私は＿＿＿＿です」とか「あの人は＿＿＿＿です」という文章に，「人間」「間違いを犯しやすい人間」以外の言葉が入るなら，それはあなた自身や他の人のことを正確に言い表わしていないということを忘れないでください。

⑨個人的解釈と非難

個人的解釈と非難は，私たちが何かの原因を間違って特定し，そうだと思い込むときに起こります。あるときは，実際の状況には何の問題もないのに，何かのせいにします。別のときには，他の要因も絡んでいるのに，何かだけを必要以上に責めます。この思考ミスに関係する問題は次の3つです。

（a）罪悪感：物事が上手くいかなかったことを全部自分自身の責任だと考えるので，問題を引き起こす原因となった行動を「自分はやるべきではなかった」と考えます。

（b）恨み：物事が上手くいかなかったことを全部他の人の責任だと考えるので，問題を引き起こす原因となった行動を「あの人はやるべきではなかった」と考えます。

（c）問題以外の部分を直そうとする：車がエンストした原因は，本当はカムシャフトの故障のせいなのに，燃料ポンプの故障だと勘違いすることに似ています。故障したカムシャフトを取り替えずに燃料ポンプを取り替えてしまい，車はエンストしたままということになります。

問題を修正するためにその原因を正確に把握することは重要です。私たちの考え方次第で，心にも行動にも動揺が生じます。私たちは他の人に，特定の方法で考えたり行動したりするように勧めることはできますが，彼らの行動は私たちの考え方ではなく，彼ら自身の考え方に基づいています。対人関係のトラブルがひとりのせいで生じることはまれです。

間違った情報が伝わったり，情報が不足したりすることが，個人的解釈と非難を生み出すこともあります。間違った情報は，「状況の原因はこうあるべきだ」という結論の飛躍を招きます。

たとえば，親は子どもに問題があると自分を責める傾向があります。もし，25歳の息子が薬物所持のために逮捕されたら，親には「育て方を間違った」という結論の飛躍が生じます。極端な話ですが，親が息子に犯罪をそそのかしたとしても，親の提案に従って犯罪行為をするかどうかを決めるのは成人した息子の判断です。また，子どもの成長には多くの異なる情報が影響を与えます。親はもちろんですが，きょうだい，先生，友人，歌，テレビ，出版物などが影響を与えるのです。したがって，「親はこうあるべきだ，こうすべきだ」などと，子どもの人生に親だけが影響を与えると信じること自体が非現実的です。

問題状況の原因（ひとつではないかもしれません）を正確に把握するよう努力してください。その原因を誰かのせいだと怒って責めてはいけません。あなたの考えていることを穏やかに伝えたほうが，相手も快く協力してくれるようになるでしょう。

⑩不合理な「すべき」宣言

これは，怒りと罪悪感を生み出します。誰かに怒りを感じていると，私たちは「すべき」を

自分の望む方向で考えがちです（「あなたはこんな態度を私に取るべきじゃない」）。逆に，私たちが罪悪感を抱いていると，自分に向けた怒りとして「すべき」だと考えがちです。

　「すべき」宣言は，それが倫理的要求，命令，ルール，魔法を期待する信念などのときは，すべて不合理的だということを覚えておいてください。

倫理的要求としての「すべき」

　「すべき」という言葉は，ルール，要求，命令の意味で使われます。「夫だったらゴミ出しくらいすべきだ」「妻は洗濯をすべきだ」「子どもは親を敬うべきだ」。「すべき」はたいてい絶対的なルールを表わし，それを破るのは罪だと考えられています。

　「すべき」の大多数は社会的ルールです。ルールがあることは社会にとって重要で，なければ社会は混乱してしまいます。しかし，多くの社会的ルールは事実に基づかず，単純で，従うことを強制します。私たちはそのルールに従うものだと信じています。次の例はその良い見本です。

　　クライエント：先日，自分がとても怠けている気がして，私には良いところがひとつもないと考えてしまいました。

　　私：なぜ怠けている気がしたのですか？

　　クライエント：食後すぐに食器を洗わなかったから……。

　　私：なぜ，食後すぐに食器を洗わないと，自分は怠けていて良いところがひとつもないと考えてしまうのでしょう？

　　クライエント：だって，食後はすぐに食器を洗うべきでしょう？

　　私：誰がそう言ったのですか？

　　クライエント：母がそう言っていました。

　　私：では，誰がお母さんにそのルールを教えたのでしょう？

　　クライエント：母の母，祖母でしょう。

　　私：たぶんそうですね。さかのぼれば，食後すぐに食器を洗わなければ怠け者だと最初に考えた人たちを発見できるかもしれません。しかし，問題なのは，あなたがそれがまるで事実に基づいたルールであるかのように従っていることなのです。

　　クライエント：そうかもしれません。

　　私：それでは，もし食後すぐに食器を洗わなかったら，怠け者の役立たずだという証拠はどこにあるのでしょう？

　　クライエント：実際は何もないと思います。

　　私：食器はいつ洗うべきなのでしょうか？　家のなかにもうきれいな食器がないのに新しい食器を買っていないときや，新しい食器を買えなくて，それでもきれいな食器で食事がしたいときでしょうか？　食後すぐに食器を洗うことは，たいていの場合は良いことです。雑用を先に終わらせて，もっと興味のあることに集中することもできます。しかし，それができな

いからといって，あなたは何に関しても役立たずなのでしょうか？

クライエント：（笑って）いえ，私は家族にとっても友人にとっても大切な存在だと思います。

私：その通り。なので，無条件にルールを受け入れることはやめましょう。そのルールに従わなければならない証拠を時々探してみて，従う意味があるのかどうか再検討してみることが大切です。

　信じられないような話ですが，ある文化では，夫は妻の実家の家族と絶対に一緒に食事を取るべきではないと今も信じられています。妻の実家の家族は悪魔に支配されており，食事を一緒にした人はもっと悪魔に支配されやすくなると信じられているからです。このことを証明する事実はどこにもありません。しかし，もしその社会で，男性が義理の家族と喜んで食事をしたら，彼は重い精神障害を患っているとみなされるでしょう。

　実際には好みにすぎないのに，必要条件だと教えられていることがたくさんあります。この後に登場する思考ミス「必要と願望の混同」では，このことがもっと詳しく書かれています。私たちにはそれぞれの道徳観，価値観，好みをもつ権利がありますが，凝り固まった「すべき」的考え方は問題です。この凝り固まったルールは，それに沿わない状況や環境への適応を難しくします。多くのルールは実際には良いもので，それに沿った行動は受け入れられやすいものです。食後すぐに食器を洗うことは，あとで他のもっと楽しいことに集中できるから勧められているのです。しかし，多くの場合，勧められたルールに従わないからといって，世界が終わるわけではありません。「するべき義務」とされてしまうので，従わないとまるですべてが終わるかのように感じるだけです。

　私はあなたに，「すべき」という言葉を「本当にそうすべきなのか？　そうすべきだとどうして信じるようになったのか？」と自問することをお勧めします。

魔法のような「すべき」

　不合理な「すべき」宣言は，私たちがまるで魔法を信じて振る舞っているような印象を与えます。もし，私がチョコレート・ケーキを作ろうと，材料を全部混ぜ合わせた生地をオーブンに入れて焼いたとします。ところが，焼きあがったときに，チョコレートを入れ忘れたことに気が付きました。その生地はチョコレート・ケーキになっているか，それとも何か別のケーキになっているのか，どちらでしょう？　何でもいいからチョコレート・ケーキになっているはず，なるべきだと私が言ったとしたら，チョコレートを入れなかったという事実を無視した主張となります。チョコレートを入れ忘れたのにチョコレート・ケーキがオーブンから出てきたら，それこそ魔法です。

　すべての物事は，それが私たちの望まないことであっても，つねに本来の姿のまま存在します。ある状況が生まれるためには，そうなるために必要なことは必ず存在しています。そうでなければその状況は起こりえません。不合理な「すべき」宣言は，現実を考慮していないのです。不合理な「すべき」宣言は，自分の願望を現実に合わせるのではなく，現実が自分の願望

や要求に合わせてくれるようせがんでいるようなものです。

　全米フットボール・リーグのスーパー・ボール（決勝戦）が終わったところを想像してください。最終得点は次の通りでした。

Ａチーム：37点　　　Ｂチーム：36点

　レポーターが両チームのヘッド・コーチにインタビューしました。Ａチームのコーチは、「私はこのチームの選手たちを誇りに思う。彼らは本当に素晴らしいゲームをした」と答えました。Ｂチームのコーチはこう言いました「我々のチームは、このゲームに勝てるはずだった」。しかし事実、Ｂチームはこのゲームに負けています。

　明らかにＢチームには、勝つための何かが欠けていたのです。そうでなければゲームに勝っていたでしょう。Ｂチームのコーチが、ゲームに勝つために必要な何かがなされなかったのに、勝てるはずだったと考えるなら、彼は魔法を信じているのと同じです。コーチの「はず」は、「我々は、勝つために必要なことはすべてやった。でもどういうわけか、魔法にかかったように負けてしまった。負けたのは不測の事態だったのだ」ということを意味します。こんなことを考えるコーチが、次のＡチームとの試合に備えて戦略を改善すると思いますか？

　もし、Ｂチームのコーチが「私たちはゲームに勝ちたいと心から望んでいた。勝つ可能性はあったが、相手チームよりも多く得点を取れない原因が何かあったから、負けて当然だった」と考えたら、彼は平穏な気持ちで負けた事実を受け入れ、何が実際にうまくいかなかったのかを発見して、その部分を修正するでしょう。

　今直面している現実を受け入れるというのは、あなたがその現実を認識しない限り難しいことです。現実を受け入れるメリットは、その現実に対して何らかの働きかけをするために、自分自身をより良い状態に置くことができるという点にあります。私たちは「すべき」という言葉を間違って使うことで、望まない状況を生む条件があるという事実を無視してしまいます。事実を無視してしまうと、状況を変えることが難しくなります。

　もし、私が「上司は私を怒鳴るべきではない」と言ったら、私は次の2つの事実を無視していることになります。（1）上司は私を怒鳴ることを考えている、（2）私は怒鳴られる場所にいる。この2つが現実である限り、私が怒鳴られないことは魔法です。私が怒鳴られないためには、（1）上司が考え方を変える、（2）私は怒鳴られないようにその場からいなくなる、そのどちらかです。

　すべての物事は、そうなるための必要条件がすべて存在しているので、つねにあるべき姿で存在しています。これは道徳的に正しいとか、与えられた状況が好都合だということとは関係ありません。ある状況が特定の状況になってほしいという願望だけでは、その状況を変えることはできないのです。しかし、もし状況変化に必要なすべての条件が揃っているのなら、私たちが望む状況以外にはなりえません。たとえ、私たちが泣こうがわめこうが、息を止めようが足を踏み鳴らそうが、そうなるしかないのです。

不合理な「すべき」宣言で怒りが湧いても，その怒りがまったく何の目的の意味もなく，怒っても状況に変化が何もないことがわかっていれば，私たちはその状況を穏やかに受け入れたほうがよいのではないでしょうか。ある状況を平穏に受け入れることは，私たちがその状況を良いと思っているとか，その状況を変える気持ちがまったくないという意味ではありません。平穏な受容とは，あなたが現実の状況を受けとめ，その状況を変える働きかけをすることができる，より良い状態に自分を置くことなのです。

「平安の祈り」は，平穏な現実受容の原則に基づいています。

神様，私が変えることのできない物事を受けとめることができるように
私の心に平安をお与えください。
私が変えることのできる物事を変える勇気と
変えられること，変えられないことを見わける賢明さを
私にお与えください。

不合理な「すべき」宣言を合理的な「望む」宣言に変えてみましょう。

不合理な「すべき」宣言を合理的な「望む」宣言に変える

不合理な「すべき」	合理的な「望む」
1. 彼は私をもっと大切にすべきだ。	1. 彼にはもっと私を大切にしてほしいけれど，残念なことに彼はそうしてくれない。だから，彼が私をもっと大切にしてくれるように働きかけよう。
2. 彼女は私のことを子どものように扱うべきじゃない。	2. 私は彼女が私を大人として扱ってほしいけれど，残念なことに彼女はそうしてくれない。だから，彼女が私をもっと大人として扱ってくれるように働きかけよう。
3. 私は彼がそれを嫌いなことを知っているべきだった。	3. 私は彼がそれを嫌いなことを知っていればよかったけれど，本当に知らなかった。どうして知る機会がなかったのか，どうしたら次はもっとうまく対処できるかを考えてみよう。
4. 私は彼女を怒鳴るべきではなかった。	4. 私は彼女を怒鳴らなければよかった。でも，たしかに，怒鳴りつけてしまう結果になることを私は全部していた。そうでなければ怒鳴ったりしなかった。これからは，怒鳴ってしまう原因の一つひとつを取り去るようにしよう。

覚えていてほしいことは
怒りはお漏らしと似ているということです。
見れば誰でもそれとわかりますが
あなたしかそれを感じることはできません。

だから，「すべきまみれ」になることはやめましょう。

⑪「必要」と「願望」の混同

　もし，私がひとつの思考ミスしか挙げることを許されないのであれば，「必要」と「願望」の混同を選びます。思考ミスのなかでも特に重要なものだと考えるからです。

　RLTでは，「絶対的必要」と「願望」を区別します。私たちの絶対的必要とは，次に挙げる生命維持に必要なものだけです。

私たちの絶対的必要

生命維持に必要なもの

空気	ある程度の温度
食べ物	生命を維持するための薬
水	

　上に書いてあるもの以外はすべて，あなたが「欲しい」もの（願望）にすぎません。「願望」を「絶対的必要」と間違って認識すると，空気や食べ物がないのと同じくらいのつらさを味わってしまいます。私たちが「必要」と認識しやすい「願望」のほんの一例を次の表に示します。

「必要」と教えられているが，実は単なる「願望」であること

（1）他の人からの愛	（9）自分の思う通りになること
（2）尊敬	（10）新しい車
（3）注目	（11）他の人から「大切に」扱ってもらうこと
（4）自信	（12）心の平和
（5）すぐれた容姿	（13）完璧な健康
（6）立派な仕事	（14）すぐれた実績
（7）素晴らしい学歴	（15）完璧さ
（8）皆から好かれること	（16）特別な人間であること，または特別なグループに属すること

不安と怒りを生み出す「必要」宣言

「必要」宣言は，不安とパニックを生み出します。もし，あなたが狭い部屋に閉じ込められて，5分後にその部屋の空気がすべて抜かれると知ったら，あなたはどう感じるでしょう。おそらくパニックに陥り，時間がたてばたつほど，ますます不安になるでしょう。なぜですか？ それは，あなたが空気は生きるために絶対的に必要だと知っているからです。それとは対照的に，地元のスーパーでお気に入りの朝食用シリアルがもう入荷されないことがわかったとしましょう。あなたはたぶんがっかりするでしょうが，先の例のようにパニックになったりはしないですね。それはあなたが，お気に入りの朝食用シリアルを単に欲しいのだとわかっているからです。あなたには，それが絶対的に必要なわけではありません（もちろん食べ物は必要ですが）。これが必要と願望の違いです。

「必要」宣言は，強い怒りを生み出します。もし，あなたが狭い部屋に閉じ込められて，5分後にその部屋の空気がすべて抜かれると知ったら，あなたはどう感じるでしょうか。ただし今回は，部屋からは簡単に出られるのですが，私があらゆる手を使ってあなたを部屋から出られないようにするとします。それ以前にあなたが私のことをどれほど好きだったかに関係なく，あなたは私に対して激しく腹を立てるでしょう。なぜでしょう？ それは私が，あなたにとって絶対的に必要なもの，空気を取り上げようとしているからです。

それがあなたにとって必要かどうかを見極める方法は，次のように自問してみることです。

これがないとしたら，どのくらい生きることができるのだろうか？

言いかえると，あなたはそれがなくて死んでしまうまで，どのくらいの時間我慢ができますか？ 私たちは食べ物，空気，水がない状態で，おおよそどのくらい生きていられるかを知っています。では，新しいステレオ，恋人，他の人からの尊敬がない場合，私たちはどのくらい生きのびられますか？ こういうものは，人を死に追いやらないことに気がついてください。人が自殺するとき，何かがその人を殺すのではありません。その人自身が自分を殺すのです。

条件つき必要宣言

「条件つき必要宣言」は，Aという出来事が起こるには，条件1，2，3……が存在しなければならないという前提に基づきます。条件つき必要宣言は，正確なときもあるし不正確なとき

もあります。たとえば，正確な条件つき必要は次のようになります。

「私があのスーパーマッケットで買い物をするためには，そこまで行く必要がある」

目的地に行かないのにそこにいることは不可能です。では，不正確な条件つき必要はというと，こうなります。

「私が幸せになるためには，1億円が必要だ」

もし，自分が幸せになるためには1億円を手にする以外に道はないと信じているのなら，他にも幸せになる方法があるにもかかわらず，まるでそれが真実であるように振る舞うでしょう。

時々，「絶対的必要」宣言が「条件つき必要」宣言の背後に隠れていることがあります。たとえば，正確な「条件つき必要」宣言は，「ジョーが大学を卒業するためには，大学が定めたプログラムを修了する必要がある」です。しかし，もしジョーが修了できなかったために卒業できず，パニックに陥ったなら，卒業できなかった失敗を生きるか死ぬかの状況（絶対的必要）と同じように考えているということです。

人から愛されることは必要か？

私は必ずこの質問を受けます。特に，私のセミナーに参加するセラピストたちからです。私たちにとって愛は必要なのかどうかを見極めるためには，最初に愛の定義づけをしなければならないので，答えることが難しい質問です。私が皆さんに，食べ物，水，空気の定義を書いてくださいと言ったら，答えはほぼ同じでしょう。しかし，愛の定義は人によって異なります。

私は，愛の定義に絶対的必要の要素は何もないと考えますが，私たちがそれを欲していることは認めます。たとえば，私たちに共通する愛の定義には次のような条件が含まれます。「相手があなたを愛していたら，抱きしめたり，キスをしたり，あなたを愛していることを伝えたり，あなたの気分がすぐれないときに気遣ってくれたりする」。しかし，これらの条件や定義は願望や要求であり，必要なものではありません。人間は，抱きしめてもらわなくても，キスしてもらわなくても，言葉で愛情を示してもらわなくても死にはしません。多くの人（全員ではありません）がこうしたことを望みますが，絶対的必要ではありません。

人間には愛が必要だと主張する人は，何十年も前に，多くの児童養護施設で赤ちゃんが大勢亡くなった出来事を引き合いに出したがります。その原因が「愛の欠如」と強く関連すると考えられたからです。しかし，この出来事からわかることは，赤ちゃんは触覚的刺激の不足，つまり養育者が十分なスキンシップを取らなかったために死んでしまった可能性があるということだけです。しかし，赤ちゃんにはスキンシップが絶対的必要かもしれませんが，大人にとってはそうではありません。

第7章　よくある「思考ミス」 | 115

⑫「選択」と「強制」の混同

したくないことをしなければならない状況に追い込まれたと考えると，恨みの感情が湧き起こります。嫌いなことであればあるほど強いられた，させられているという感じが増し，より強い恨みを抱きがちです。

しかし，何かを強制されるのは，実際には暴力で威圧され，意志に反する何かをさせられるときだけです。そうでなければ，何かをするとき，それがどれだけ嫌いなことであっても，私たちはそれを選んでいるか，それをすると決心しているのです。

私たちは，「両方とも嫌だが，まだましだから」という理由で一方を選ぶことがあります。たとえば，所得税は，いつも払うことを選んでいるのです。なぜでしょう？　それは，税金を払わないという選択が嫌な結果を招くからです。あなたは，申告書類の作成を面倒くさいと思うでしょう。しかし，書類書きの面倒くささは税金未納で起こる結果に比べればまだましです。

強制ではなく自分で選択して行なっていると考えれば，恨みを断ち切ることができます。そう考えることで，出来事や義務が必要以上に強調されなくなります。さらに，嫌な経験さえも好ましく思えるようになります。

また，強制ではなく自分で選択していると考えれば，賢い選択もできるようになります。

たとえば，多くの人がダイエットの過程で恨みを感じます。それは，ダイエットを「強いられている」と考え，体重を落とさ「なければならない」と考えるからです。おそらく彼らは，素敵な水着を着たいとか，心臓病のリスクを減らしたいなどの理由で，体重を落としたいのでしょう。しかし，別にその水着を着る必要も，心臓病のリスクを減らす必要もないのです。それらはすべて任意であり，選択できるオプションです。実際に私たちは，ダイエットをいろいろな理由から選択します。ダイエットは自分の選択だということに気づき，いつでも元の食生活に戻ることが選択できることに気づくと，もっと気分よくダイエットができ，たいていは以前よりもっとずっと喜んで行なえるようになります。

私たちが人生でたったひとつ有無を問わずしなければならないことは，死ぬことです。結局，死ぬことは絶対に避けられません。その他のことはすべて選択できるオプションです。

「選んでいる」と「強制されている」との違いをつねに心にとめておくことで，あなたの欲求不満と恨みはずっと和らぎます。

⑬「我慢できない」

「我慢できない」は，「必要と願望の混同」の延長線上にあります。

思考ミス「我慢できない」は，ある状況を我慢する自分の力を過小評価する考え方です。重症の「我慢できない」は，その状況の「あるがまま」とは違う状況が必要だという信念をもっていることを意味します。ある状況や条件を我慢できないととらえてしまうと，まるで「我慢できない」態度を取らなければ死んでしまうかのように，その状況や条件を避けるようになり

ます。それとは反対に，その状況に対処できる，我慢できる力が自分には備わっていると信じれば，その状況に立ち向かうことを恐れなくなります。

次の例は，典型的な「我慢できない」から起こる行動と，その分析の一例です。

クライエント：私の娘は，不良仲間と遊び回って，しょっちゅう問題を起こしているんです。そんなことはやめてもらいたいから，言うことを聞かないと，たいてい1週間は家から出さないようにします。だけど，閉じ込めても，結局1時間後には外に出すことになってしまうんです。

私：なぜそうなるのですか？

クライエント：娘が怒鳴りまくって，私にありとあらゆる汚い言葉を浴びせるから。

私：なるほど。でも，娘さんの行動を正そうと思っているのに，どうして外出させてしまうのですか？

クラエアント：それは，娘が私を大声で罵るのに我慢できないからです。

私：怒鳴られて喜ぶ人はあまりいないでしょうね。そう考えれば，あなたは我慢できるのです。私は自分の家や，仕事や，貯金を賭けてもいい。娘さんに怒鳴られても，あなたは我慢できます。

クライエント：どうしてそう言えるんですか？

私：あなたがここに座ってそのことを私に話しているからですよ。もしあなたが娘さんに怒鳴られて我慢できないのなら，あなたはもう死んでいるはずです。ピアノがあなためがけて倒れてくるのを我慢できないと言うなら，それはおそらく正しい。でも，娘さんがあなたを大声で罵っているとき，あなたはご自分の脳に向かってどのように言っているのでしょう？

クライエント：「この子の罵声で死んでしまう！」ですね。

私：その通りです。たしかに，怒鳴られるのが嫌なのはわかります。ほとんどの人はそうです。しかし，あなたが娘さんに怒鳴られることをあるがままに見てみると，それはあなたにとって単に不都合なこと，不快なことにすぎないということがわかります。死ぬような大きな不安や怒りを味わっているのではなく，単にいらだったり，困ったりしているだけです。もし，あなたが単にいらだったり困ったりしているだけなら，娘さんがあなたに大声で罵声を浴びせたとき，あなたはどうしますか？

クライアント：バットを振り回してでも，娘を家から出さないようにします。

私：そうでしょう。

あなたの懸念が，あなたを本当に殺してしまうものでないのなら，「私はそれに我慢できない」を「私はそれが好きではない。だから，それに対してなんとか働きかけてみよう」と言いかえてみてください。

特別な注意点「人生の質」とは？

私は人生の質の重要さについてクライアントから質問を受けるときがあります。「現在起きていることでは，私が死なないとはわかっています。でも，幸せでいるためにはどうすればよいのでしょう？」。この質問に答えるために，まず「マズローの欲求段階説」について説明したいと思います。

アブラハム・マズロー（Maslow, 1954）は，充足されると人生に満足感と意義を与える「欲求」を「生得的欲求」とみなしました。この「欲求」は，人間が継続的に「欠乏状態」として経験するものです。ある欲求が充足した途端，別の欲求が「取って代わり」，人間はいつも何かの欲求を満たそうと努力します。マズローは「欲求」の順位を次のピラミッドで示しました。

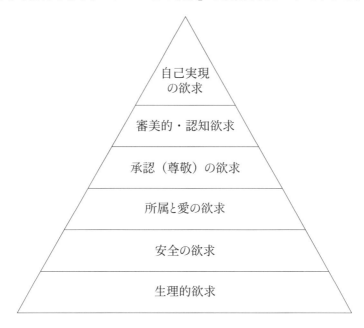

高次の欲求に関心をもつためには，それより下位の欲求が満たされていなければなりません。たとえば，飢えているのなら（食に対する生理的欲求），人間はその時点では自尊心についてほとんど心配しないでしょう。戦場にいて，爆弾が近くで炸裂しているとしたら（安全の欲求），人間は知識の獲得や詩を書くことなど（審美的・認知的欲求）を意識しにくいでしょう。

RLTの視点では，マズローのピラミッドでの「絶対的必要」は生理的なものだけだと考えます。生きるために，私たちは生理的欲求を充足する必要があります。残りの欲求は，実際は願望です。それは，私たちが人生をよりよいものにし，質を向上させたいと望むことです。

ところで，「安全の欲求」とは安全の感覚のことです。私たちには安全の感覚は必要ありませんが，生きるためには安全でいることが必要です（生理的欲求と言ってもよいでしょう）。

何かを我慢できないと間違って信じているとき，私たちはまるで死ぬかのような行動を取り，まるで生理的欲求が満たされていないかのように振る舞います。そのとき，私たちは自らをピラミッドの生理的欲求のレベルに置いているのです。したがって，この生理的欲求のレベルの

「我慢できない」という感覚が存在する限り，私たちは人生の質を向上させるためのもの，すなわち，愛されること，ある集団に所属すること，お互いに尊敬し合うことなどに関心をもてなくなってしまうのです。

⑭破滅思考

破滅思考は，ある状況に上手く対処する能力を過小評価してしまう，もうひとつの思考ミスです。この過小評価は，その状況が私たちにとって実際よりも悪いものであるかのように感じさせます。

破滅思考でよく使われる言葉は，「ひどい」「最悪だ」「破滅だ」「この世の終わりだ」などです。もしこれらの言葉が冗談や嘘でないなら，「必要と願望の混同」の延長だと考えられます。何かに「ひどい」や「最悪だ」とレッテルを貼る人は，そのレッテルを貼ったものを「我慢できないもの」「手に入れることが必要なもの」だとみなしています。「私は仕事を失って最悪だ」という発言は，「私は仕事を失ったことに我慢できない」と言うのと同じ不安や怒りを生み出します。

もうひとつ，ちょっとした心理学の授業

1900年代の初期，ロバート・ヤーキースとジョン・ドッドソン（Yerkes and Dodson, 1908）という2人の研究者が，課題を行なうにあたって最適な覚醒レベルがあることを発見しました。身体的に十分覚醒していないと（ぼんやりしていると），課題は上手くできません。反対に，覚醒しすぎていても（興奮していても）上手くできません。この発見は，ヤーキース＝ドッドソンの法則として知られています。

最適な覚醒レベルは課題によって異なります。たとえば，子どもが遊具の下にはまってしまい動けなくなっているところを見つけた母親を想像してください。のんびりしていたら，彼女は遊具を動かして子どもを助け出すことはできないでしょう。子どもを助けるためには身体的に十分緊張している必要があります。しかし，興奮しすぎていたら，身体が凍りついてしまい，遊具に近寄ることすらできなくなってしまいます。

興奮した状態でテストを受けたら，学習したことを思い出したり考えたりすることが難しくなります。

「ひどい，恐ろしい，最悪だ」のような言葉は興奮を引き起こします。逆に，「関心がない」という態度は，不十分な覚醒しか起こしません。あえて言えば，「運が悪い，ついていない」という言葉が最適な覚醒レベルを生み出すでしょう。

心理学者アルバート・エリス（Ellis, 1988）は，破滅思考について詳しく書いています。彼は「ひどい，恐ろしい，最悪なことは客観的には何も存在しない」と強調しています。客観的にひどいこと，恐ろしいこと，最悪なことは何も存在しないのですが，逆に私たちは何にでもそうしたレッテルを貼ることができ，その結果，自分自身を不幸にしてしまいます。一方，私たちは，

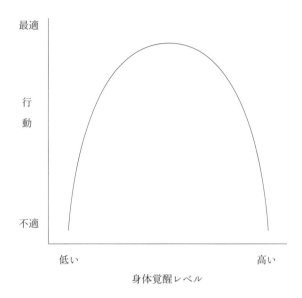

ヤーキース・ドッドソンの法則

何にでも「不運だ」「不便だ」「不快だ」というレッテル貼りをすることができます。その結果，より平穏な感情を味わうことができます。ここで重要な問いかけは次のようなものです。「私にとって望ましくない出来事には，どちらのレッテルのほうが私にとって好ましいだろう？」。「運が悪い，ついていない」という言葉には，ある状況が個人的に望ましくないけれど耐えることができるという意味が含まれます。

心にとめておいてほしいのですが，客観的に不幸なことも存在しません。ですから，RLTでは，「私にとって」という言葉を付け加えるのです。「これは私にとってついていない状況だ」という発言は，この状況は私の目標や，私が人生で手にしたいものに反していて，私はこの事実が嫌いであることを意味します。

個人的に望まない状況を「運が悪い，ついていない」ととらえることは，その状況を大切に思っていない，改善することに無関心であるという意味ではありません。ヤーキース・ドッドソンの法則が示す通り，私たちがある状況を「運が悪い，ついていない」とみなすことは，「ひどい，恐ろしい，最悪な状況」とみなすよりも，状況の改善や修正のためにずっと良い心の状態にいることができるのです。

ある状況は他の状況よりも悪い？

ここで大切なのは「誰にとって」を入れることです。この疑問文自体は，客観的に「良い，悪い，中立的」な，「状況，出来事，条件」があることを前提としていますが，実際には「誰にとって，ある状況は他の状況よりも悪い」のかが問題なのです。あなたにとって良いことでも，他の人にとっては悪い場合があります。これは主としてあなたの目標が何であるかによって変わります。

ある状況は他の状況よりも，私たちが目標へ向かうことを困難にします。ですから，その状況は私たちにとって「個人的に悪い」のです。この個人的に悪い状況は，時間，エネルギー，改善するための努力を他の状況よりも多く必要とします。それでも，その状況を普遍的にひどい，恐ろしい，最悪なものとみなさずに，「個人的に悪い」「私にとってついていない」状況と考えることで，ずっと楽になることができるのです。

⑮心配の魔法

　心配とは，恐ろしい結果について取りつかれたように考えることです。

　あなたが心配していることは，実際にどのくらいの頻度で起こりますか？　あなたが心配性でなければ，答えは「あまりない」でしょう。あることを何年も心配した挙句，その心配事が現実にならなかったとしましょう。そのような場合，私たちは無意識のうちに「心配すればそれは起こらないのだ」という考えを抱く傾向があります。この「結びつけ思考」によって，私たちは「心配すれば嫌なことは起こらない」と信じてしまいます。その結果，私たちは心配しないことを恐れるようになります。これを精神科医マキシー・C・モールツビーは，「心配の魔法」と呼びました。

　モールツビー（Maultsby, 1984）は心配のことを「文明化された呪い」だと言いました。なぜなら，心配はただ考えているだけであって，出来事を防ぐことはできないからです。くよくよ考えても，状況に影響を与えたり，それを変えたり，防いだりすることはできません。行動することでしか状況は変化しません。だから，心配事に働きかければ，より望ましい結果が起こるでしょう。単に心配するだけでは，何も変わりません。心配のもうひとつの問題点は，心配することで，まるでその状況に対して何かしているという錯覚を起こしてしまうことです。「少なくとも私は心配している」と。

　私があなたに贈りたい大切なメッセージは「心配することは決してあなたを守ってくれません。だから，心配することはやめましょう」です。お勧めしたいのは次の3つです。

（1）あなたが人生で何を手にしたいのかをはっきりさせること。たとえば，あなたとあなたの愛する人たちの幸せが，それにあたるでしょう。
（2）あなたやあなたの愛する人たちが危険にさらされることがわかったら心配してください。
（3）その心配事に対して行動を起こしてください。

単に心配事を「気にかけて」いるだけで行動を起こさないのでは何の役にも立ちません。

　危険な状況だと考えると無意識のうちに心配が生じますが，とにかく私たちはその状況に近づいてみます。しかし，より良いアプローチとは，本当の危険を察知して，その危険に働きかけることです。

　ひとつ例を挙げてみましょう。ある年の1月，息子のアルドがクラスメートと一緒に，ピッ

第7章　よくある「思考ミス」　│　121

ツバーグからワシントン D.C. まで小旅行することになりました。そのとき私はロサンゼルスに滞在していました。息子が出発する前日，妻が私に電話をかけてきて言うには，天気予報によると息子が行く地域（かなりの山岳地帯）は激しい吹雪になるということでした。妻は息子を行かせるべきかどうか悩んでいました。吹雪になる確率を妻に聞くと，80%だということでした。

　それで私はこう提案しました。「私たちができることは2つにひとつ。バスの運転手がアルドたちを無事にワシントン D.C. に送り届けてくれることをずっと心配するか，アルドを家に引き止めておくだけの危険性が十分にあると認めるかだね」。私たちは息子に旅行を中止させました。

　私たちは未来を確実に予言してくれる水晶玉を持っていないので，ベストを尽くして手に入れた現在の事実に基づいて未来を予測するしかありません。私の息子の件ですが，実際に吹雪がひどく，現地はとても危険な状態だったそうです。ありがたいことに学校側も旅行を取りやめました。私たちは慎重になりすぎて失敗することも時々あります。恐れている状況が実際には起こらなかったりもします。とにかく，誰かが未来を見通せる水晶玉を発明しない限り，私たちは今ある事実に基づいて未来を予測することしかできません。

　こんなことわざがあります。

心配はロッキングチェアに座って揺れているようなもの。
あなたは何かをしてはいるが
どこにも行けない。

⑯不合理な定義づけ

　重要な概念（愛，尊敬，信頼，思いやりなど）の個人的定義が，非現実的だったり杓子定規だったりするために問題が起こることがあります。その結果，私たちは目標を達成できずに欲求不満になります。不合理な定義の例は次のようなものです。

- もし彼が私とずっと一緒にいてくれないなら，彼は自己中心的だ。
- もし食後すぐに食器を洗わないなら，彼女は怠けている。
- もし私のことを本当に気にかけているなら，毎日そうしてくれるはずだ。

　こうした定義は，限定的であり，自滅的だとも言えます。きわめて限定的なので，最終的に自分の望んでいることを手に入れられません。次の例を見てください。

クライエント：僕はできそこないです。
私：なぜそんなふうに言うのですか？

クライエント：思ったほど上手く昇進できないからです。

私：あなたは「できそこない」ではなくて，「上手くいっていないひとりの人間」というだけです。あなたは何を「できそこない」だと考えているのでしょう？「できそこない」という言葉のあなたの定義は何ですか？

クライエント：（少し考えて）何でも中途半端になってしまうことでしょうか。

私：では，あなたが自分のことを「できそこない」と考えたり，失敗したと思ったりしたとき，どうなりますか？

クライエント：結局ギブアップしてしまいます。

私：では，「できそこない」というあなたの定義をもう少し考えてみましょうか。成功するためには何でも完全に仕上げなければならないとあなたは言いました。もしあなたが完全に仕上げなければ，それは失敗したということですね？

クライエント：そうです。

私：失敗することは，良いことか，悪いことか，それとも中立的なことですか？

クライエント：悪いことでしょう。

私：どのくらい悪いですか？

クライエント：ものすごくですよ！

私：わかっているとは思いますが，あなたの「失敗する」定義には，成功して良い気分になるためには効果がなさそうです。その定義は「全か無かの思考」がベースになっているからです。あなたは，完全に成功するか，完全に失敗するかのどちらかしかないと信じています。しかし，物事にはいろいろな程度があるように，成功と失敗にも程度があります。だから，十分な仕事をしたときでさえ，あなたの定義に沿って考えると，もしそれが完璧でなければあなたは失敗したことになり，失敗したことはとても悪いことになるのです。

クライエント：そう，僕はそう考えています。

私：では，その考え方をこんなふうに置きかえてみませんか。私は「できそこない」ではない。私はつねに完全に物事を仕上げることができない生身の人間だ。もしできたとしても，完全な状態というのは長く続かない。この事実は，私が他の人たちと同じように間違いを犯しやすい人間だということを証明しているだけだ。ただし，私が何かを全部失敗することはとてもまれなことだ。なぜなら，上手くいく方法はいろいろあるからだ。とにかく，失敗することは「ひどい，恐ろしい，この世の終わり」ではなく，ただ運が悪い，ついていないだけである。私はこの失望感を，完璧に利用するのではなく，適度に，前よりも良くなるために利用しよう。

　重要な概念に関するあなたの定義，特にあなたにとって大切な概念の定義に注意してください。その定義はあなたにとって有効かどうか（有効だとしてもどの程度か）をよく見極めてください。

⑰「頼る」と「依存」の混同

誰かに頼ることは，あなたが自分でできること，またはそれを行なう他の手段はあるけれど，あえて誰かを信頼して任せることです。誰かに依存することは，あなたが自分ではできないこと，またはそれを行なう他の手段がないために誰かをあてにすることです。

私たちは生活を便利にするために他の人に頼ります。視力を急に失った人は付き添ってくれる人をあてにします。知らない道をどうやって歩けばよいかわからないからです。しかし，自らの力で歩くスキルを学んだあとなら，よりうまく歩くために他の人に頼るときもあるでしょう。

私たちは，目標を達成するためのサポートを本当は得られる方法があるのに，無理だと思い込んでいるため，他の人に依存しなければならないと誤って信じている場合があります。

また，ある状況で誰かに世話をしてもらったために，自分には自立する力がもともとないのだと思い込んでしまう場合もあります。しかし，次のことを思い出してください。「今そうなっていないからといって，それをできないわけではない」。

あなたがどれくらい上手く目標を達成でき，自立して行動できるかをチェックする機会を，進んで求めることは重要です。もし，自分の目標を達成できる力や，他の人に頼る力に疑いをもっているなら，合理的質問であなたの信念を再検討してみてください。それでも悩むようなら，それについてセラピストと話し合ってください。

⑱「能力がない」と「気が進まない」の混同

何かをできないというのは，その何かをするための技術，知識，身体能力がないということです。一方，何かができる技術，知識，身体的能力をもっているにもかかわらずそれを行なわず，別のことをする場合は，その何かをすることに気が進まないのです。

たとえば，あるポテト・チップスの有名なテレビコマーシャルがあります。「誰もひとつまみでは満足しない」。このコマーシャルの言いたいことは，このチップスはとても美味しいので一度食べはじめたらやめられない，それはまるでチップスが脳の前頭葉の機能をマヒさせてコントロール不可能な状態で食べつづけるようなものだ，ということです。実際に起こっていることを次の表にしました。

A (気づき)	B (考えたこと／信念)	C (感情的結果)
ポテト・チップスを食べる	おお！ なんて美味いんだ もうひとつ食べよう	幸福感 続けて食べる

この ABC の流れは，あなたが食べるのをやめる決心をする（満腹になる，あごが疲れる，

飽きた，仕事に行かなければならない）か，チップスを全部食べきってしまうかするまで続きます。つまり，ひとつまみだけ食べてやめることができないのではなくて，ひとつまみだけでやめるのは気が進まないか，選んでいないかのどちらかです。

　気の進まなさは，恐れや願望などの結果です。単にやる気がないだけかもしれませんし，行動することを恐れたり，不快だったりするので気が進まないのかもしれません。

　恐れによる気の進まなさの例としては，次のようなものがあります。

私は彼に「嫌だ」と言うことができない。
大勢の前でスピーチなどできない。
体重を落とすためにそれを犠牲にするなんてとても我慢できない。
僕がかわいい女の子をデートに誘うなんて無理だ。
ウェイターにステーキがちゃんと料理されてないなんて言えない。

　彼らはできないとは言いますが，それを実行する身体，精神的能力をもっています。その行動を起こすことに気乗りがしないのは，不安や不快さが原因です。彼らは，どうやって行なうかを学ぶ必要はありません。どうしたら快適に行なえるかを知りたいのです。

　もし，あなたが，何かを「できない」と信じ込んでいることがわかったら，次のように自問してみてください。

私は身体的，精神的にそれをする能力をもっているだろうか？
それを絶対にしなければならないとしたら，私はするだろうか？

　質問の答えが「はい」なら，あなたは，本当は，その行動を取ることが不快だと感じているのです。もしそうならば，不快さを生み出す考え方を合理的に検討することが大切です。

⑲「可能性」と「確率」の混同

　計画を立てるとき，私たちは未来が見える水晶玉は持っていないので，未来を予想するしかありません。合理的に予想するために，次の2つの質問を自分に問いかけることは重要です。

私が予想していることは起こる可能性があるだろうか？
もし可能性があるなら，それが起こる確率はどのくらいだろうか？

　不安なときは，将来何か困ったことが起こるという恐れ（予想）を抱きます。この恐れを合理的に見つめるための，自分自身に対する最初の質問は「この出来事が起こる可能性はあるだろうか？」です。もし可能性があるのなら，続けてこう自問します。「それが起こる確率はど

のくらいだろうか？」。

「起こる可能性があるなら，それはとても高い確率で起こるに違いない」。この恐れる出来事が発生する確率についての間違った思い込みや過大評価は，不要な心配や不安をかきたてます。

たとえば，橋がたくさんかかっていることで有名なアッパー・オハイオ・バレーの住民について考えてみましょう。この地域の多くの住民は，渡っている間に橋が壊れ落ちてしまうのではないかという恐怖のせいで，橋を渡ることを避けています。この恐れを検討するときは，まずこう自問します。「橋が落ちる可能性はあるだろうか？」。確かにあります。アメリカでは過去にいくつも橋が落ちています。絶対に安全な橋というのはありません。したがって，この恐れは事実に基づいています。次の自問は，「今，渡ろうとしている橋が落ちる確率はどのくらいあるだろうか？」です。私の住んでいる地域の橋を調べたところ，今までに一度も落ちていないことがわかりました。現在では，アメリカにあるすべての橋は定期的に点検されています。些細な問題であっても，発見されれば短い期間閉鎖されて修理されます。最後に，何千台という車が橋を毎日問題なく渡っている事実から考えても，この地域の橋は構造的にしっかりしているので，橋を渡っても安全だと考えることができます。

可能性と確率を区別するときは，その物事をよく調べて，すべての事実を集めるように注意してください。私はみなさんに，その橋は安全だという私の意見を鵜呑みにしてほしくはないのです。事実が語ることを知ってもらいたいのです。その橋が，構造的に問題があり，メンテナンスが行なわれておらず，土木技師も渡らないことを勧めるなら，渡らないのは当然のことです。

起こる確率が低いだけでは不十分なとき

私はこんなことを言われるときがあります。「もし神様が，飛行機は落ちないと言ったとしても関係ない。私は飛行機に絶対乗らない」。このような人には，望まない出来事が起こる確率が低いと信じられない根本信念（第4章を参照してください）があります。

次の例は，この根本信念が，確率の低い出来事を当事者にどのように結びつけるかを示しています。

クライエント：飛行機に乗るのが怖いです。

私：あなたは飛行機に乗ることが怖いのですか？　それとも，飛行機が落ちることが怖いのですか？

クライエント：（笑って）落ちるのが怖いです。

私：そうですね。まず，飛行機が落ちる可能性について話し合いましょう。今までに飛行機事故は起きていますから，明らかに飛行機は落ちる可能性はあります。では，あなたが乗る飛行機が落ちる確率はどのくらいでしょうか？　空には何千という飛行機が今も飛んでいますが，事故は毎日起こっていますか？

クライエント：それはわかっています。ただ，もし神様が，私の飛行機は落ちないと言ったと

しても，私には関係ありません。とにかく私は乗りません。

私：もし神様が，目的地まで100％安全だと言っても，ですか？

クライエント：ええ。

私：わかりました。くだらない質問に思われるかもしれませんが，もし落ちる運命にある飛行機に乗って死んでしまったら，あなたが心配する問題は何ですか？

クライエント：子どもたちが父親を失ってしまうことです。

私：それでは，もしお子さんに父親がいなかったら，何が心配ですか？

クライエント：彼らの成長が阻まれてしまうことです。

私：彼らの成長が阻まれることが，なぜ心配なのですか？

クライエント：彼らが不幸な人生を送ることになるからです。

私：お子さんたちが不幸な人生を送ることは，あなたにとってどのような意味がありますか？

クライエント：最悪です。我慢できません。

　このクライエントがネガティブな結果を恐れているかぎり，それが起こる可能性がほんのわずかであっても，飛行機には乗りたがらないでしょう。しかし，彼の恐れ，つまり「父親がいない子どもたちは成長を阻まれる」という考え方を乗り越える方法を学ぶことができたら，彼は航空業界の高い安全実績をもっと快く受け入れることができるようになります。

　次の点に注意することも重要です。私たちはある出来事が起こる確率を過小評価するときがあり，結果として問題を大きくしてしまいます。ベテランのプロボクサー，トミー・モリソンは，1996年にHIVに感染したことを公表しました。記者会見でモリソンはボクシングの試合からの引退を発表し，こうコメントしました。「HIVに感染するよりも，宝くじに当たる確率のほうが高いと思っていた」。HIVは特別簡単に感染するわけではありませんが，感染の確率は宝くじに当たるチャンスよりもずっと大きいものです。

　したがって，予想するときは，まずその出来事が起こる可能性を検討します。もし可能性があるなら，次にそれが起こる確率を検討します。その出来事が起こる可能性があり，起こる確率が高いのなら，次に結果の深刻度をよく検討してください。仕事中に紙で手を切ってしまう確率が高くても，私はそれを受け入れることができます。しかし，仕事中に高い確率で突然死してしまうなら，私はその仕事をしないでしょう。

⑳投影

　私たちは，その信念が自分だけのものなのに，他の人も同じことを考えているに違いないと思い込むことがよくあります。だから，他の人の動機も自分の動機と似ていると思い込みます。たとえば，自分のことを美しくないと思い込んでいる女性は，次のような信念をもっているかもしれません。

この男性は私のことをブスだと思っているから，私には興味を示さないわ。

彼が私のことをブスだと思わないなんてことが考えられる？　私は明らかにブスなのよ！

　私たちの社会では，多くの信念が多くの人に共通して見られます。しかし，だからといって私たちが皆，まったく同じように考えるわけではないことも事実です。ふたりとして同じ願望，好み，意見，価値観，道徳観をもっていません。したがって，他の人があなたと同じように考え，感じ，望んでいるに違いないと考えることは誤りです。私たちは皆違います。ある男性はとても細い女性を好み，他の男性はぽっちゃりした女性を好みます。ある女性は髭の生えている男性を好みますが，他の女性は嫌がります。私たちの多様性は，他の人は自分とは違う意見をもっているという大切なことを悟らせてくれます。これは，私たちの感じ方を調べるときも，とても大切な真実です。他の人のあなたへの見方は，あなた自身の見方とはしばしば違っています。特に，あなたの意見がとてもネガティブなとき，その違いは顕著になります。

　投影は，ある動機をもつと考えられる人をあなたが責めるときに起きます。それは，あなた自身が同じ動機をもっているからです。妻が浮気をしていると思い込んで，つねにどこにいるのかを問いただす夫は，彼自身が浮気をしているので妻の浮気を恐れている可能性があります。彼自身の浮気への動機が，妻をどう見るかに大きく影響してくるわけです。

私の思い込みは，投影の結果だろうか？

もし私が	私は～（している）ことが多い
他の人のひどい悪口を言ったら	他の人は私のひどい悪口を言っていると考えている。
他の人をだましたら	他の人は私をだましていると考えている。
自分を低く評価していたら	他の人も私を低く評価していると思い込んでいる。

　投影はマインド・リーディング（読心術）のひとつなので，こう自問してみてください。「他の人はこう考えていると私が思い込んでいることは，似たような状況で私がよく考えていることに影響されていないだろうか？」。影響されているようなら，他の人があなたと同じ信念をもっているとは限らないことを思い出してください。

㉑「事実」より「意見」で動揺する

　不合理な「すべき」宣言が起こると，実際の結果よりも，そのことについてのあなたの意見で心が動揺してしまいます。このような場合は，実際の結果には関係なく，感情が揺れる必要があると考えているので心がかき乱されてしまうのです。次の例には，この点がはっきり表わ

れています。

クライエント：僕は自分の鼻のかたちが嫌いです！

私：あなたの鼻の何が悪いのですか？

クライエント：この曲がったところが大嫌いなんです。

私：あなたの鼻はあなたとって，どんな問題として立ちはだかっていますか？

クライエント：どういう意味ですか？

私：鼻のせいで達成できない目標がありますか？　鼻のせいで，手に入れたいのに手に入れられないものはありますか？

クライエント：ないと思います。

私：ちょっとそれについてよく考えてみてください。

クライエント：（しばらく考えて）鼻のせいで問題が起きているわけではないと思います。

私：鼻が曲がっているから起こる結果というよりも，鼻が曲がっているというあなたの意見にあなたの心が動揺しているように私には見えます。あなたが言っていることは，鼻が曲がっていても，人生はあなたが願っている通りの状態であるはずだ，ということです。あなたの心がかき乱されているのは，自分の鼻は曲がっていてはならないという意見の結果です。もしそれが事実なら，実際に鼻が問題を引き起こすかどうかにかかわらず，あなたは動揺するはずだと考えているのです。

クライエント：意味はわかります。

私：この理屈を，あなたが不満に思っていることに当てはめてみることをお勧めします。「私は結果に不満なんだろうか，それとも私がこうあるべきだという意見のせいで不満を感じているのだろうか？」と自問してみてください。

　私たちの心が動揺するはずだと教えられてきた状況や条件について少し考えてみましょう。次のような例があります。

心が動揺「すべき」だと教えられてきた状況や条件の例

身長が低「すぎる」こと。	両親が私を愛してくれないこと。
「太りすぎて」いること。	恋人がいないこと。
40歳を超えてしまったこと。	髪の毛が薄くなったこと。
歯並びが悪いこと。	他の人があなたのことを悪く思うこと。

第7章　よくある「思考ミス」 | 129

　それぞれの状況は，ある人には真の問題になりえますが，すべての人に問題になるわけではありません。これらの状況に阻まれるような目標をもつかどうかによるのです。しかし，これらの状況や条件は問題になる必要があり，これらの問題をもてば心は動揺すべきであり，動揺しないのは間違っていると，多くの人が教えられてきているのです。

　あなたが真の問題を抱えているかどうかを検討するとき，次のように自問してみてください。「目の前にある状況や条件は，私の目標の達成を邪魔するから問題なのか，それとも単に問題だと教えられてきたからそう思うのか？」。

㉒無意味な「たられば」

　達成したい目標をもっていたり，解決したい問題を抱えていたりするとき，自分の体や精神的な資質をベストの状態で使うことができれば，たいていの行動はずっと効果的になります。言いかえれば，目標に焦点をあてることができればできるほど，自分の知性と身体能力を目標達成や問題解決のために使うことができます。しかし，無意味な「たられば」は，私たちの注意を目標からそらしてしまいます。

　無意味な「たられば」は，自分自身や他の人に向けて使われますが，全体として正しかったり，全体として正しくなかったり，あるいは両者の中間くらいであったりします。しかし，正確さはここでは問題ではありません。無意味な「たられば」の問題点は，そうすることであなたを目の前の課題から遠ざけてしまうことなのです。

　無意味な「たられば」は，「歴史的たられば」か「もし〜でさえあれば」のかたちを取ることが多いものです。たとえば次のようなものです。

　　　　もしあの事故にあわなければ，今日私は自分の脚で歩くことができたのに。
　　　　もし夫が私と離婚しなければ，私は今の問題を抱えなくてすんだのに。
　もし私の両親がもっと一生懸命働いていたら，私は今頃たくさんの遺産を相続できたのに。
　　　　もしあの車が私をはねなければ，私は脚を骨折しないですんだのに。

　これらの「たられば」はだいたい見当違いです。適切な質問は，「私は今この状況に対してどのような働きかけをしているだろう？」です。過去の嫌な個人的出来事を考えるのに時間を割かなければならない理由はただひとつ，過去の出来事から学ぶためです。

　ピッツバークでよく使われることわざがあります。「去年の雪をかき出そうとするのは無駄なこと。雪をかき出すことはできないが，去年の雪のなかで身動きが取れなくなることもない」。

　あなたのエネルギーを現在の問題を解決するために使い，過去から学び，幸せな明日をつくりだすことに集中してください。

㉓不合理な絶望

　絶望的に考えることは「結論の飛躍」の良い例です。絶望的に考えていれば，その問題をどれだけ検討しても，結局は事実に基づかない結論の飛躍が起こります。

　絶望的に考える人には，次のような思い込みがあります。

　　　　　この問題について知っておかなければならないことを私はすべて知っている。
　　　　　もし私が解決策を見出せなければ，他の誰も存在できない。

　解決策を検討した後で絶望的に考えてしまえば，解決策は存在せず，これからも決して存在しないだろうと思い込みます。この思い込みによってあなたは問題の検討をやめてしまい，解決策を得られなくなるのです。

　なぜ，そのような悲観的結論に飛躍してしまうのでしょう？　次のようにいろいろな理由があります。

1─何が可能か，大丈夫かを事前に学んでいる

　私たちは育つ過程で，何が可能で何が可能ではないかを教えられます。ほとんどの人は，最初は何でも可能だと信じています。その後，人は何ができて何ができないかということをいろいろな情報源から学び，さらにもっと特定して，自分は何ができて何ができないかを学びます。しかし，学びが不正確なため，時には学ぶ価値がないことも混ざっています。

　他の人が言葉や例を通して教えてくれるところから学ぶときもあります。父親や母親の成し遂げたことが，私たちには何が可能なのかを教えてくれます。また，彼らは，「おまえはできるよ」と励ましてくれたり，「全然上手くできないね」とがっかりさせるようなことを言ったりもします。あるいは，自分自身に向かって「私はもう先に進めない」とか「いつも私以外の人間が成功するんだ」などと言うこともあるかもしれません。

　この学びは，上手くできるかできないかを自動的に判断してしまう根本信念をつくりあげます（第4章を参照してください）。

　自分が目標を達成できるか，困った状況を修正できるかについて検討するときは，こう自問してください。「人類にはこれが可能だろうか？」。言いかえれば，あなたのような資質とバックグラウンドをもつ他の人は，あなたが掲げる目標を達成していますか？「よく知らない」という答えでは不十分です。自分で調べてみてください。

　また，他の人があなたの目標を達成していないからといって，それが絶対に達成できない目標だというわけではありません。誰かかつて挑戦したことがあるのでしょうか？　挑戦者がいても上手くいかなかったのなら，なぜなのでしょう？　違う方法でできないでしょうか？

　誰かが「不可能だ」と言うのを聞くと，私はダグ・ブレビンのことを思い出します。ブレビンは，全米フットボール・リーグで最も人気のある素晴らしいコーチです。彼の教え子のスター

選手には，スーパー・ボールで2回，試合終了前の数秒間にゴールを決めてチームを優勝に導いたアダム・ビナティエリがいます。ブレビンは子どものころから全米フットボール・リーグでコーチをしたいという夢をもちつづけてきました。しかし，彼は人生で一度も，自分の脚で歩いたことがありません。彼は脳性まひのため，幼い頃から車椅子を使わざるをえませんでした。ブレビンが成し遂げたことは，(1) キックのテクニックを学び，(2) 車椅子から，どう選手がキックすればよいかを教える方法を発見し，(3) 彼がコーチできることをプロのチームに納得させたことです。ブレビンが成し遂げたことは常識をはるかに超えていますが，彼もまた，夢を何度も諦めかけたことがあったのです。

2—辛抱のなさ／低い欲求不満耐性

　私たちは，ギブアップすることによって絶望的に考えることがあります。

　私たちは，成功を辛抱強く待てないために，目標の追求をやめてしまうことがあります。その態度は，「もしそれを手に入れられなければ（または直せなければ），そのことは忘れてしまおう」と言っているのと同じことです。辛抱のなさは，必要と願望を混同した結果として生じます。たとえば，「私にはこれが，今，必要だ！」などと言う場合がそうです。この態度を，「私はそれを今手に入れたい。でも，必ず待つことができる」に変えることは重要です。

　低い欲求不満耐性は「失敗することへの耐えられなさ」に現われます。「もし簡単に成功（または解決）できなければ，そのことは忘れてしまえ」という態度がそれです。人生における通行止めや，交通規制や，成功への道に転がっている多くの不満を「ひどい，恐ろしい，最悪なこと」と考えたら，努力してまで問題を解決しないでしょう。こうした態度を「私は成功や解決がいつも簡単に手に入ればいいなと期待するけれど，それは絶対に必要なことではない」という態度に変えることは重要です。覚えていてほしいのですが，簡単に手に入るものはただひとつ，問題だけです。他のものはすべて，手に入れるために働きかけることが必要です。

3—誰かの言葉を無批判に受け入れる

　後の章でもっと詳しく述べますが，「専門家の声」は，何かを事実だと受け止めるためにとても重要です。誰かを専門家として信じると，彼らが言うことも信頼して，それが事実だと考えます。しかし，「専門家」は，私たちが考えているほど知識があるわけではありません。

　私が高校生のとき，数人の教師が私たち生徒に，法学部に入り法律家になるには，並外れた知的能力がなければならないと「言明」しました。彼らは，法学部に入るためには「オールA」を取らなければならないとも言いました。私たちはまだ若くて，ものをよく知りませんでしたから，教師が言ったことを事実として素直に信じました。ところが，教師の言ったことは2つとも間違いだったのです。法律家になれる可能性を秘めたどれほど多くの生徒が，自分の「成績」に落胆したことでしょう。

　専門家であれば誰の言葉でも受け入れるという態度はやめましょう。専門家は，ただ彼らの知っていることだけを知っているにすぎません。セカンド・オピニオンやサード・オピニオン

を求めてください。問題への解決策や目標を達成するための方法を，自分自身でもよく調べて
ください。目標や状況があなたにとって重要であるかぎり，探しつづけてください。なぜ，そ
うしないのですか？　何かを失わなければならないのですか？　逆に，解決策を見つけたら，
何を得ることができますか？

　もうひとつお勧めしたいことは，合理的に調べることです。目標や解決策の不合理的な追求
は，他の目標や重要な関心事を手放すことにつながります。「期待は事実を必要としない」と
いうことを心にとめてください。事実を手に入れられないとき，私たちは「期待する」のです。
問題に解決策があるとわかっているときには，期待は必要ありません。

㉔多すぎ少なすぎ問題

　気づかないうちに，自分や他の人の特徴や行動を，自分の目標に関連づけてしまうことがあ
ります。その例は次のようなものです。

私は太りすぎだ。	私は痩せすぎだ。
私は背が低すぎる。	私は怠惰すぎる。
私は不細工すぎる。	私は馬鹿すぎる。
私は酒を飲みすぎる。	私は食べすぎる。
彼は眠りすぎる。	彼女は汗をかきすぎる。

　これらの考え方に対する適切な質問は「何のために？」です。「しすぎ」という言葉は「度
を越えた量」を表わします。したがって，「しすぎ」という言葉は何かに関連しているはずです。「私
は太りすぎだ」は，太っている結果として何らかの目標を達成できないことを暗示しています。

　もし，300 kg の体重の人があなたに「私は太りすぎだ」と言えば，あなたは納得するでしょう。
しかし，これも，その人の体重が何らかの目標達成を阻むものであることを意味します。この
根本信念は，目標の追及を避けることにつながります。次の例でそれがよくわかります。

クライエント：（体重が 100 kg 近くある 30 代後半の女性）私は太りすぎだわ。

私：何に対して太りすぎなのですか？

クライエント：どういう意味？

私：あなたは自分が太りすぎだと言いましたが，それは，体重が何らかの目標達成を妨げる問
　　題になっていることを意味します。だから，私は，あなたは何に対して太りすぎなのかなと
　　思ったのです。あなたの体重が何に対して問題なのですか？

クライエント：こんなんじゃ恋人なんかできっこないし，結婚もできないわ。誰がこんなデブ

を好きになるのよ？

私：ある程度ですが，細いほど魅力的だと思われ，多くの人から注目される傾向があることは否定しません。しかし，あなたが言っていることは，体重のせいで男性があなたに興味をもたず，結婚もできないということですね。では，あなたくらいの体重で結婚している女性を知っていますか？

クライエント：3人知っているわ。

私：そうですか。では，あなたの言葉を借りて言えば，太りすぎで結婚できないのなら，彼女たちは太りすぎではないのですか？　どうやって彼女たちは今の夫に出会って結婚したのでしょう？

クライエント：3人ともイベントで出会ったみたい。

私：あなたはそのようなイベントに行ったことがありますか？

クライエント：ないわ。職場と家の往復だけで，夜は両親と過ごすのだもの。

私：それなら，あなたが結婚していない理由のひとつは，男性と知り合う場に行かないからだとも言えますね。体重のせいで男性があなたのことを好きにならないという思い込みが，あなたを男性から遠ざけているのですよ。

クライエント：言いたいことはわかるわ。

私：私が言いたいことは，ダイエットする必要がないということではありません。ダイエットをすれば，男性と出会う確率は増えるでしょう。ただ，男性と出会うためには体重を減らさなければならないという思い込みは正確でないと言いたいのです。

この思考ミスは，「現実ではなく意見で動揺する」思考ミスに関連しています。多くの人は，200 kgの体重自体に問題があると信じています。だから「私は太りすぎだ」と言うのです。

私たちが以前検討した「実際問題」を思い出してください。実際問題は，目標に向かう道に何かが立ちはだかった結果です。つまり，実際問題が起こるということは，何か目標があるはずだということになります。もし200 kgの体重が実際問題なら，「何のために？」という問いかけは，その体重が目標達成に悪影響を及ぼす可能性と，実際に障害になっているかどうかを見定めるために役立ちます。

「何のために？」と最初に自問して，「多すぎる」「少なすぎる」という言葉が表わすすべての根本信念を検討することをお勧めします。

㉕相反信念

相反信念とは，ある信念に従って行動しないと気分が悪くなると強く信じているけれども，その信念に従って行動できるとはあまり考えていない状態を指します。それらはたいてい道徳的なものですが，する必要がないことも多いものです。

結婚前の性交渉について相反する信念をもつ男性について考えてみましょう。彼はそれが悪

いことだと信じています。しかし，罪悪感を抱くと信じているのに，そうした行為を避けて通ることもできないでいます。この「どっちつかず」はまったく役に立たず，失敗への道をたどることになります。

これは私が「全か無かの思考」をするように提案する大変まれなケースです。婚前交渉は悪いこととしてそれを行なわない方法を考えるか，諦めて行なうかのどちらかです。もちろん（この例では）善悪の判断から切り離して，合理的かどうかを考えることも重要です。

後悔しそうなことを繰り返すと，その行動に関連した相反信念をもつことになります。もしそうなったら，相反信念を見つけ出して合理的質問をしてみてください。相反信念をあなたの目標に関連づけ，その信念に沿って行動するか，諦めるかのどちらが重要かを見極めてください。

㉖相関関係と因果関係の同一視

2つのことが同時に起こった場合（相関関係），そのうちのひとつがもうひとつを引き起こした（因果関係）と考えることが時々あります。感情のABCを学ぶ前なら，あなたに向かって誰かが言ったことで嫌な気持ちになったとしたら，その言葉がそうさせたと結論づけるかもしれません。しかし，その発言とあなたが味わった感情がほぼ同時に起こったために，そのように見えるだけなのです。

2つの物事が同時に起こったように見えても，ひとつの物事がもうひとつを引き起こしたとは限りません。たとえば，次の表を見てください。

「A」と「B」が同時に起こる場合

「A」は「B」を引き起こした可能性がある。

「B」は「A」を引き起こした可能性がある。

「C」は「A」と「B」の両方を引き起こした可能性がある。

知能，知識，身長には正の相関関係があります。背が高ければ高いほど，その人の知能，知識は高くなる傾向があることを知っていましたか？　しかし，背が高いことが，より高い知能と豊富な知識を持つ原因になるのでしょうか？　それとも，高い知能と豊富な知識をもつことが背を高くする原因になるのでしょうか？　実際には，3番目の別の原因が考えられます。私たちは，子どもの頃は背が低く，歳を取るにつれて大きくなります。また，子どもの頃は知能も低く，浅い知識しかありませんが，歳を取るにつれて増えていきます。たまたま両者の変化が同じように起きるにすぎません。

思考ミス「相関関係と因果関係の同一視」の例として，以前検討した「心配の魔法」があります。心配の魔法では，心配すれば困ったことが起こらないと考え，時を経てそれらの因果関係を確

信し,「そのことを心配すれば, それは起こらない」という思考ミスをつくりあげてしまいます。これは, 3番目の別の要因がその出来事を起こさなかった可能性を考慮していません。「相関関係と因果関係の同一視」のもうひとつの例として, 思考ミス「個人的解釈と非難」が挙げられます。ある人が私の言ったことに動揺し, その後脳卒中で倒れたとしましょう。その出来事はまるで,（1）私がその人の苦痛を生み出し,（2）その苦痛が脳卒中を引き起こし, その結果,（3）私がその人の脳卒中を引き起こしたように見えます。

　この思考ミスを回避するための方法は, 目の前にある問題について, 豊富な知識をもつようにすることです。その問題について調べて, このように自問してみてください。「他に説明可能なことは何だろうか？」。

よくある思考ミスについてのまとめ

　本章で挙げた26個の思考ミスをよく理解してください。そうすれば, 思考ミスに陥ってもそれに気づくことができるからです。私にとってこれらの思考ミスは, 私の妻にとっての歌番組「アメリカン・アイドル」の素人出場者の歌声のようなものです。妻は声楽を専攻し, 音楽教師の資格もあります。出場者が音程をはずすと（「アメリカン・アイドル」では, 出場者はよく音程をはずします）, それが彼女の耳に障ります。私にとっては「すべきだ, 絶対に必要だ」という言葉を聞くと耳に障ります。このように, 思考ミスが耳障りな雑音になることが大切なのです。

よくある感情の問題と思考ミス

どの思考ミスも下記のすべての感情を引き起こしますが，その感情に特徴的な思考ミスをまとめました。

怒り：
　　不合理な「すべき」宣言（他の人に向かう）
　　「必要」と「願望」の混同
　　我慢できない
　　破滅思考
　　非難
　　「選択」と「強制」の混同

罪悪感：
　　不合理な「すべき」宣言（自分に向かう）
　　「必要」と「願望」の混同
　　破滅思考
　　個人的解釈

うつ気分：
　　不合理な絶望
　　「必要」と「願望」の混同
　　破滅思考

不安：
　　「必要」と「願望」の混同
　　「可能性」と「確率」の混同
　　心配の魔法
　　我慢できない
　　破滅思考

第7章 よくある「思考ミス」 | 137

RLT アセスメント（介入前・中・後で実施）

以下の質問には，思った通りに答えてください。質問の答えから，あなたが何を経験し，どのように考え，どう感じているか，あなたとセラピストは正しく理解することができます。
あなたの状況を最も表わしている番号に〇を付けてください。

	1 強く反対する	2 反対する	3 どちらでもない	4 同意する	5 強く同意する
1. 私の人生には，なるべき状態になっていない物事がある。	1	2	3	4	5
2. 私の気分は他の人によって左右される。	1	2	3	4	5
3. 私の人生には，どうしても我慢できない物事がある。	1	2	3	4	5
4. よく考えてからでないと始められない物事がある。	1	2	3	4	5
5. 私の人生には，まったく私の手に負えない恐ろしいことがある。	1	2	3	4	5
6. 私の気分が安定するのは，他の人が私をどう扱うかによる。	1	2	3	4	5
7. 私の気分が動揺する，ある特別な状況がある。	1	2	3	4	5
8. 状況さえ変われば，私の気分は晴れ，行動も改善する。	1	2	3	4	5
9. 誰かが私を裏切ったら，私は二度とその人物を信用しない。	1	2	3	4	5
10. 私は，他の人がどう考えているかを気にするべきだ。	1	2	3	4	5
11. 気分が動揺してもよいという権利が私にはある。	1	2	3	4	5
12. 今まで，気分や行動を変えるためにいろいろなことを試してきた。でも，上手くいかなかった。だから大して期待はしていない。私は変わらない。	1	2	3	4	5
13. 私がセラピーによってどのくらい変わったかを知る目安は，私がどんな気分で，どう行動するようになったかという点に注目することだ。	1	2	3	4	5
14. 見えないものは存在しない。	1	2	3	4	5
15. 私は問題に対処できない。	1	2	3	4	5
16. 気分を晴らすために，薬を飲むことは必要だ。	1	2	3	4	5
17. 心にあることを洗いざらい全部吐き出せば，私の気分はすっきりする。	1	2	3	4	5
18. もし私が何か良いことをしたら，報酬があるべきだ。	1	2	3	4	5
19. もし私が他の人に親切にしたら，彼らも私に親切するべきだ。	1	2	3	4	5
20. もし私がたったひとつの見方で物事を見たら，間違ってしまう。	1	2	3	4	5
21. もし私の感情が「違う」と感じたら，それは間違っている。	1	2	3	4	5
22. もし私の感情が「正しい」と感じたら，それは正しい。	1	2	3	4	5
23. 胸の奥での直感に従うことは，とても大切なことである。	1	2	3	4	5
24. もし私が何か間違ったことをしたら，自分自身を罰するべきだ。	1	2	3	4	5

第8章
合理的行動計画表（RAP）
「学んだことをまとめてみよう」

　私が開発した合理的行動計画表（Rational Action Planner：RAP）は，今まであなたが学んだことを一連の流れとしてまとめたものです。あなたの目標にさらに沿った行動計画を立てることができるように工夫されています。

　RAP用紙は2枚セットになっていますが，両面を別々にコピーして使用することも可能です。

　RAP用紙の第1面は，あなたの過去，または現在の「状況のABC」，つまり望まない，問題のある思考と，感情や行動を書き出すようになっています。また，その状況での目的と，あなたが「A」だとした出来事を検討するカメラ・チェックや，考え方が合理的質問をパスするかどうかのチェックなども含まれます。

　第2面には，あなたの「新しいABC」を書き出します。カメラ・チェック済みの「A」と，新しい合理的な信念，望ましい感情と行動反応（あなたがその状況でどのように感じ，行動したいか）を書き出してください。

　次に挙げる表は，RAPが上手く書き込まれた例です。これをあなたのRAP作成ガイドとして使用してください。ただし，最初から上手く書き込もうとする必要はありません。それよりも，RAPをつくる努力をすることや，セラピストからフィードバックをもらうことのほうが重要です。作成にあたっては，次の6つのステップを意識してください。ステップ1は，あなたが気づいたこと，または反応した状況（感情のABCの「A」）を書き出します。ステップ2は，その状況に対するあなたの考え方を書きます（感情のABCの「B」）。これはひとつだけかもしれませんし，100通りもあるかもしれません。思い浮かべた考え方が多すぎて書ききれなければ，もう1枚に残りの考え方を書き出してください。ステップ3は，あなたがどう感じ，何をしたか（感情のABCの「C」）を書きます。ステップ4は，あなたがその状況で，自分の意思で決めた目的（意識的目的）か，そう決めたであろう目的（暗示的目的）を記録します。ステップ5は，あなたが「A」に書いた内容のカメラ・チェックを行ない，カメラが実際に映し出す内容を書き出します。ステップ6では，あなたが「B」に書き出した考え方を3つの合理的質問で検討します。書き出した考え方の下に，それぞれが「合理的か／理にかなっているか」について書き込みましょう。もし不合理的な考え方が発見されたら，RAP第2面の「新しいABC」を完成させる作業に入ります。

　どのようにすれば「新しいABC」の「B」に入る考え方が生まれるのでしょう？　基本的には，過去の考え方を不合理的だとして，それをもとに生み出します。「新しい合理的な代替思考」は，過去の不合理的な考え方への反論です。新しい考え方が理にかなっているかどうかを確かめるために，3つの合理的質問で検討してみてください。

合理的行動計画表（RAP)™［第1面］
古いABC

A （あなたが気づいたこと）	B （それについての考え方／信念）	C （感情的，身体的反応）
恋人が別れたいと言ったので，僕は身体がバラバラになって崩れ落ちてしまうような感覚を覚えた。	1. 僕には彼女が必要だ。彼女がいなければ，僕は存在している意味がない。（不合理的） 2. 彼女が僕と別れたいだなんて，ひどい，最悪だ。（不合理的） 3. 僕はもう二度と幸せにはなれない。そんなの最悪だ！（不合理的）	とても神経質になった。 別れないでくれと彼女にすがった。 もし彼女が僕と別れたら僕は自殺をすると彼女に言った。

この状況で，あなたの（意識的／暗示的）目的は何でしたか（何ですか）？
達成しましたか？

1. 平静でいる。 　　　　　　　　　　　　　　　いいえ
2. 僕の本当に思っていることを恋人に伝える。 　いいえ
3. 彼女が別れないように働きかける。 　　　　　いいえ

「A」セクションのカメラ・チェック （カメラに映っていること）	合理的質問
カメラには，恋人が僕と別れたいと言ったところが映っている。でも，僕の身体がバラバラになって崩れ落ちるような状態は映っていない。	3つの合理的質問で「B」欄のそれぞれの考え方を検討し，質問をパスするか，しないかを書き出しましょう。 1. 私の考え方は，事実に基づいているだろうか？ 2. 私の考え方は，目標を達成するために役立つだろうか？ 3. 私の考え方で，感じたい感情を抱くことができるだろうか？ 合理的質問をパスする考え方はすべて心にとめ，パスしない考え方はすべて別の考え方に置きかえましょう。

第8章　合理的行動計画表（RAP）　|　141

合理的行動計画表（RAP）™［第2面］
©Copyright, 1996, by Aldo R. Pucci
All Rights Reserved.

新しいABC

A	B	C
（カメラ・チェック済みの客観的な出来事）	（練習する新しい考え方）	新しい考え方の結果 私はこのように感じ行動する
私がこの状況にいるときはいつでも	このように考える	
僕は別れた恋人の近くにいたり，彼女のことを考えたり，見たりしている。	物理的に存在しているものは何でも「存在する何らかの意味がある」。だから僕が，「存在する意味がない」ことはありえない。僕という存在は，人間としての存在だ。僕が人間でいるために，他の人は必要ない。僕は他の人と同じように，価値ある人間として生まれてきたのだから，誰もどんなこともその価値を奪うことはできない。 僕は，別れた恋人が絶対必要だったわけではない。ただ，彼女に僕の恋人でいてほしかっただけだ。だから，失恋した悲しみをありのままに味わう。それは決して我慢できないほどひどいこと，最悪なことではない。僕には自分自身の人生があるから，彼女との別れにも確実に耐えられる。 失恋した事実を穏やかに，早く受け入れられるほど，より早く別の女性と新しい恋愛関係を築いて幸せになることができる。	平穏を感じる。 彼女に親切にする。

新しい考え方は合理的質問をパスしますか？

「A」の状況にいるあなたをイメージし，「B」のように考え，「C」のような反応になるよう練習しましょう。新しい考え方を「まるで」信じている「かのように」，行動に移してみましょう。そのうち，あなたはその考え方を心地よく感じられるようになります。

RAP を完成させた後は何をすればよいでしょう?

　「新しい ABC」を完成させたら、少なくとも 1 カ月間は毎日「B」に書いた考え方を読み上げてください。なぜそんなことをする必要があるのでしょう?　読み上げるという行為は視覚と聴覚の 2 つの感覚を使います。見たり読んだりするだけより、耳からも聞くほうが記憶に残りやすいことがあります。だから、新しい考え方も読み上げることでより記憶しやすくなる可能性があります。

　また、あなたが新しい「A」の状況にいることを想像しつつ、同時に「B」の新しい考え方をしてみて、「C」の感情と行動を思い浮かべる練習もしましょう。このビジュアル（視覚）化の練習を少なくとも 1 日 1 回、1 カ月間行ないます。

　最後に、「A」の状況に置かれたときはいつでも「C」の行動を取ることによって、新しい「B」に書いた考え方をあなたが「まるで」信じている「かのように」振る舞いましょう。次の章でも出てきますが、あなたの新しい考え方、感情、行動を練習することはとても大切なのです。

　次のページに RAP のワークシートを載せました。個人的な使用であれば自由にコピーしてお使いください。

第8章　合理的行動計画表（RAP）　│　143

合理的行動計画表（RAP）™［第1面］
古い ABC

A （あなたが気づいたこと）	B （それについての考え方／信念）	C （感情的，身体的反応）

この状況で，あなたの（意識的／暗示的）目的は何でしたか（何ですか）？

達成しましたか？

「A」セクションのカメラ・チェック （カメラに映っていること）	合理的質問
	3つの合理的質問で「B」欄のそれぞれの考え方を検討し，質問をパスするか，しないかを書き出しましょう。 1. 私の考え方は，事実に基づいているだろうか? 2. 私の考え方は，目標を達成するために役立つだろうか? 3. 私の考え方で，感じたい感情を抱くことができるだろうか? 合理的質問をパスする考え方はすべて心にとめ，パスしない考え方はすべて別の考え方に置きかえましょう。

合理的行動計画表（RAP）™ ［第 2 面］

©Copyright, 1996, by Aldo R. Pucci
All Rights Reserved.

新しい ABC

A	B	C
（カメラ・チェック済みの 客観的な出来事）	（練習する新しい考え方）	新しい考え方の結果 私はこのように感じ行動する
私がこの状況にいるときは いつでも	このように考える	

新しい考え方は合理的質問をパスしますか？

「A」の状況にいるあなたをイメージし，「B」のように考え，「C」のような反応になるよう練習しましょう。新しい考え方を「まるで」信じている「かのように」，行動に移してみましょう。そのうち，あなたはその考え方を心地よく感じられるようになります。

第9章
練習の重要性

　私たちは毎日，いろいろなことを意識的に練習しています。野球かもしれないし，ダンス，楽器，演劇かもしれません。小学生なら，防災訓練，掛け算の九九，書き取りなども練習します。

　なぜ練習が大切なのでしょう？「練習することでパーフェクトになる」とよく言われますし，たいていの場合，それは正しいことです。練習は次の3つの点で役に立ちます。

(1) 適切に行動できるようになります。
(2) 心地よく行動できるようになります。
(3) 自然に行動できるようになります。

　たとえば，利き手とは反対の手で1カ月間ものを書く練習をしたとします。あなたはおそらく次の3つのことを体験します。

(1) きちんとした字を書けません。
(2) 利き手とは反対の手で書くと，なんだか変な感じがします。それは，利き手とは反対の手で書くことに慣れていないからです。
(3) 「自分自身をしっかりコントロールできる」ようになるまで，利き手とは反対の手を使っていることを忘れて，うっかり利き手で字を書いてしまうことがあるはずです。

　上の3つの問題を解決する唯一の方法は，練習，練習，また練習です。利き手とは反対の手で書く練習をすればするほど（そして，利き手で書くことを避ければ避けるほど），あなたの字は上手になり，利き手と反対の手で書くことが心地よくなり，もっと自然に書けるようになります。

　最初に書くことを習ったとき，あなたは「変だ。何か間違っている」とは感じなかったはずです。それは，慣れた書き方がなかったからです。つまり，どう書くか学ぶことを妨害する古い書き癖がなく，古いやり方を取り除く必要がなかったのです。感情の問題でも，すでに確立されている考え方や行動を取り除き，それを新しいやり方で置きかえる方法を取ります。このプロセスをモールツビー（Maultsby, 1984）は「感情の再教育」と名づけました。言いかえれば，もし自分の反応が望まれていないものなら，自分自身を再教育する必要があるということです。

　感情の再教育の4段階（モールツビーの案に手を加えたもの）は次のようになります。

```
感情の再教育 4 段階

(1) 知的洞察
(2) 練習（心理的，身体的）
    認知感情不一致の体験
(3) 感情的洞察
(4) 人格／特性形成（習慣）
```

　自分は頭が悪いと信じているクライエントの例を考えてみましょう。彼女は，「私は馬鹿だ。私よりも馬鹿な人間はいない」という信念をもっています。ところが知能テストを受けたところ，IQ は 135 だということがわかりました（平均は 100 にしてあります）。彼女は実はとても賢いのです。ですから私は，彼女の人生で高い IQ のおかげだと考えられる多くの成果を指摘し，事実に気づいてもらうようにします。次に，彼女が（毎日音読して）練習したい考え方を発見できるようサポートします。それは次のようなものです。

　　「今，事実として，自分自身の IQ が平均よりも高いという客観的な証拠を私は認めました。そ
　　して，人生において私が成し遂げてきた多くの結果が，私の能力の結果であり，運が良かっただ
　　けではないことにも気が付きました。私は，自分が賢いと考えることには慣れていませんが，何
　　回も考える練習をすれば，そう考えることが正しいと自然に感じるようになります」

　次に私は，彼女がこの考え方を音読し，以前は達成不可能だと考えていたことを達成しているシーンを目の前に思い浮かべてもらい，毎日そのことを考える練習をするように勧めます。また，彼女が実際に自分の目標を追求しつづけ，「まるで」その考え方を信じている「かのように」行動をすることも勧めます。つまり，彼女は自分が賢い人間であるかのように振る舞うのです。クライエントがこの練習を行ない，目標を達成するところを思い浮かべる（ビジュアル化する）とき，「変な感じがして，何か間違っているように感じる」と言います。もし彼女が，「感情に任せてものを考える」のなら，次のように自問自答するでしょう。「新しい考え方をすると嫌な気分になる。だから，新しい考え方は間違っているに違いない」。この「感情に任せた考え方／胸の奥での直感」は，新しい考え方を諦めてしまう原因になります。しかし，クライエントが感情に任せることなく，冷静に新しい考え方を実行する決心をし，練習を始めたらどうなるでしょうか？　2，3 週間後には，その考え方が「正しい感じがする」ようになってきたと言うでしょう。2,3 カ月後,彼女は自分が賢いと考えることが自然になってきたと言うでしょう。
　「感情の再教育」の第 1 段階は，知的洞察です。これは，何かを達成するために，効果的でよりよい方法や適切な方法を頭で理解することです。先の例では，彼女のために発見された新しい考え方が，適切で理にかなっていると彼女が理解したときに，彼女は知的洞察を得たと言えます。

「感情の再教育」の第2段階は，練習です。練習は，新しい行動のための心理的・身体的練習／リハーサルのことです。先の例での心理的練習は，新しい考え方を毎日復唱することとビジュアル化することです。身体的練習は，彼女が以前はもっていないと考えていた知的能力を必要とする，目標達成のための働きかけです。新しい考え方を練習する際，彼女は認知感情不一致を体験するでしょう。第2章で学びましたが，認知感情不一致とは，間違っているという奇妙で「変な」感情で，私たちが慣れていないことをしたり，考えたり，感じたりするときはいつも起こるものです。何か違っていると感じるので，私たちはそれが，間違っているという印象を受けます。認知感情不一致の体験は，正常なことであり，避けられないことです。このクライエントは，自分のことを「馬鹿だ」と考えることに慣れているので，自分自身を賢いと考えることは間違っているように感じるのです。

十分に練習した後（通常1カ月くらいが目途になります）は，「感情の再教育」の第3段階，感情的洞察に入ります。感情的洞察では，新しい考え方が正しいと「頭のなかで」理解するだけではなく，「感情も正しく感じる」ようになります。

さらに十分な練習をすることで，「感情の再教育」の最終段階，人格／特性形成へ進むことができます。人格／特性形成とは，習慣づけるという意味です。ここではもう，先に挙げた彼女は自分のことを賢いと自然に考えることができ，目標を達成する能力があると信じることができます。

「感情の再教育4段階」は，どのように私にかかわってくるのでしょう?

あなたが「感情の再教育」4段階を理解すると，(1) 練習の重要性，(2) 認知感情不一致の出現は正常であり，予期されることである，(3) 現在の変化がどの段階に位置するのかを知る手がかりになる，ということも理解できます。

練習は，次の2つの点で重要です。まず，認知感情不一致を取り除くことができます。その結果，新しい考え方，感情，行動が「正しい感じがする」ようになります。もうひとつは，練習することで，新しい考え方や新しい反応を自然に行なうことができるようになります。その新しい考え方が必要なときは「私のために役立っている」と思えるようになります。たった一度考えただけでは，「私のために役立っている」と思うようになるまではいかないのです。

息子と私は「バンド」(Bando) と呼ばれる武術を習っていました。インストラクターは家でもキックとパンチの練習するよう常々言っていました。もし1週間のうち，たった4時間しか練習をしなかったら（2時間のレッスンが週2回ですから），襲われても私たちはどうにもできないでしょう。インストラクターの指示をいちいち思い出そうとしていたら，やられてしまいます。新しい考え方の練習はこれと同じことなのです。

第2章でも述べましたが，認知感情不一致の出現は，自然なことであり，予測可能なことです。これを理解すれば，感情に任せて考えること／胸の奥での直感，つまり「間違った感じがするから練習をやめてしまう」のではなく，「この練習は新しいことを体得するチャンスなのだ」

と考えることができます。

　最後に、「感情の再教育4段階」を理解することによって、あなたが現在、変化のどの段階にいるのか、考え方、感情、行動の変化のどの位置にいるのかを理解できるようになります。

私たちは考え方、感情、行動をどのように変化させるのでしょう？

　長持ちする認知、感情、行動の変化を生みだすためには次のステップが必要です。

私たちの考え方、感情、行動を変化させる

ステップ1：古い考え方、感じ方、行動の仕方は不合理である、適切ではないと理解する。
ステップ2：新しい合理的な代替思考を発見する。
ステップ3：古いやり方で考え、感じ、行動することを断固としてやめる。
ステップ4：新しい考え方、感じ方、行動の仕方を練習する。
ステップ5：練習で感じる認知感情不一致に耐える。
ステップ6：新しい考え方、感じ方、行動の仕方を自然にできるようになるまで継続して練習する。

ステップ1——古い考え方、感じ方、行動の仕方の不合理さを理解するためには、3つの合理的質問で考え方、感じ方、行動の仕方を検討します。考え方の不合理さを理解できると、古いやり方で考えることを意識的に避けられるようになります。

ステップ2——新しい合理的な思考を発見するには、古い考え方が不合理である理由を検討して、それをもとにすることが大切です。セラピストは、あなたがこのステップの要領をつかむまで手伝ってくれます。

ステップ3——古いやり方で考え、感じ、行動することを断固としてやめることは、特にあなたがステップ1を十分できたのなら、思うほど難しくありません。過去の考え方を避け、もしそうしていることに気づいたら、「やめよう！　私は今後一切このような考え方はしない」と自分に言い聞かせてください。それから、心のなかで新しい合理的な考え方を復唱してください。

ステップ4——新しい考え方、感じ方、行動の仕方の練習は、心理的にも身体的にも行ないます。特別な練習テクニックについては、後で説明します。

ステップ5——練習で起きる認知感情不一致に耐えることは、新しい考え方や行動が間違っている理由にされる「変だ」「おかしい」という感覚を弱めます。認知感情不一致は多少の不快感を生みますから、努力をいとわない態度や、不快感を積極的に我慢する心構えも大切です。

ステップ6——新しい考え方、感じ方、行動の仕方を自然にできるようになるまで継続して練習することは、長期的な変化を起こすために重要です。

練習テクニック

次に，とても効果的な練習テクニックを紹介します。セラピストはあなたにいろいろなテクニックを勧めますが，勧められたテクニックを少なくとも1カ月間は毎日練習してみましょう。

①心理的練習

1―スクリプト（原稿）／リハーサル

不合理的な考え方に置きかわる，新しい合理的な考え方を書き出し，少なくとも1日に1回はそれを読みます。スクリプト（原稿）を暗記するくらいにしましょう。暗記すると新しい考え方を復唱しながら，その意味に注意を払うことができるようになるからです。スクリプトを録音して，それを最低でも1日1回聞くのも良い方法です。

考え方を，いろいろな行動（たとえば歯を磨く，車で仕事場に行く，夕食の支度をする，布団に入る，その他あなたが日常生活で行なう行動）と関連づけるようにしてください。そうすることで，新しい考え方の練習をしているのだと心にとめておくことができます。

新しい考え方を展開させる方法として，以前に紹介したRAP（合理的行動計画表）を活用してみましょう。

次の文章は，うつ，怒り，罪悪感と戦うための，一般的なスクリプトです。これは，新しい合理的思考をあなたなりに発展させることに役立つ，優れたテンプレートです。状況に合わせて，自由に応用してみてください。

うつから抜け出すためのスクリプト

ここまで，自分の考え方が自分の感情と行動の原因になることを理解してきました。また，うつ気分は，「～なしでは絶対に生きていけない」と考えた結果であることも理解してきました。たとえば，「～なしでは生きていけない。そして，それは決して私の手に入らないのだ」と考えることです。私が生きるために実際に必要なものは，空気，食べ物，水などだけで，その他のものは，すべて，願望，欲望だということを理解してきました。私は自分の願望や欲望の対象を手に入れる権利をもっています。ただ，それらは，絶対に必要なものではありません。

うつは，絶望的に考えた結果でもあります。事実として，絶望は不合理です。なぜなら，「抱えている問題について，知るべきことはすべて知っている」と思い込んだ結果だからです。知るべきことすべてを知っている人など誰もいません。

私は，人生のなかで，あることを手に入れたいと強く願っています。しかし，まず，それが私の願望にすぎないことを心にとめるようにします。それから，どんなにそれを手に入れることが難しいと思われても，手に入れる方法がまったくないと思い込むことは不合理だと覚えておきます。それを手に入れたければ，手に入れる方法を諦めずに探しつづけます。

「手に入らないからといって，手に入れることができないとは限らない。それは単にそうなっていないだけだ」という言葉を私は心にとめておきます。この哲学のおかげで，私は解決策を探しつづけることができます。

心のフィルター，つまり絶望的な考え方を支持する情報だけに注目してしまうことは，いとも簡単に起こります。だから私は，達成したい目標に関する，さまざまな問題解決法を知っている人から，アドバイスをもらうようにします。

手に入れたいことを最終的に得られないとしても，それは単に運がなかっただけのことであって，何も恐ろしいことではありません。なぜなら，それは単に私の願望であって，絶対必要なものではないからです。私はたぶん悲しみや失望を感じるでしょうが，ただそれだけのことです。人間の脳は，何から幸せを感じようが，悲しみを感じようが，平穏な気持ちになろうがこだわりません。そんなことにはまったく関心がないのです。だから，もし私が願っていることが叶わなくても，別のことで幸せを感じることはできるのです。

うつ気分は何の役にも立たないばかりか，実際に状況を悪化させます。だから，自分自身をうつ気分に浸らせることは断固としてやめます。その代わり，問題の解決や，目標を達成する道を発見することにエネルギーを注ぎます。

怒りから抜け出すスクリプト

すべてのことは，私が望もうと望まなかろうと，その時々のあるがままの姿です。私の希望，願望，すべきだと考えること，善悪の信念は，状況を魔法のように私の望み通りにすることはできません。ただ行動することだけが状況を変化させます。もし，すべてのことが私の望み通りになっても，私は，私の欲しいものを手に入れるだけです。私が事実を穏やかな態度で受け入れるならば，望んだ状況よりももっと望ましい，そのもの本来の姿になるのです。

状況が私の希望とは違っていても，そうなる必要な要素がすべて揃っていたのだということを認めます。そう考えれば，そうなるための必要条件と，修正すべき箇所を見極める，心の柔軟性をもつことができます。

私が怒りだすときはいつでも，「起きている出来事に我慢できない」と考えています。それは，現状はあるがままの姿とは違うべきだと考えるからです。私が我慢できない唯一の状況とは，私が殺される可能性があるものだけです。それ以外は，すべて我慢できます。私が絶対に必要とする唯一のものは，生命を維持するものです。それ以外はすべて，私の願望にすぎません。

私の希望が受け入れてもらいやすいときとは，他の人に親切で平穏な態度で接するときです。なぜなら，怒りや敵意をもつことなく，合理的に自己主張できるからです。

私は，自分の人生で変えたい部分を変えることができます。しかし，あることは変えにくかったり，変えることが難しかったりします（変える努力をする価値がないことかもしれませんが）。だから，そのような場合は，単に不運な状況，または不便，不都合なこととして眺めるようにします。

心にとめておきたいことは，怒りとは「お漏らし」のようなものだということです。他の人

がそれを見ることはできますが，感じるのは私だけなのです。

不安・心配から抜け出すスクリプト

　危険にさらされているのなら，恐れを抱くことは大切です。恐れは，次の行動を起こすために必要なものですから。しかし，本当の脅威は何かを確認することはもっと大切です。私たちは，実際には危険ではないのに，危険なように感じるときがあります。もし，何かの脅威に出くわしたら，恐れていることが実際に起こる可能性をよく見極めるようにします。可能性があるなら，今度は，それが起こる確率を見極めます。たとえそれが本当に起きても，どのくらい上手く対処できるかを見極めるようにします。そんなとき，「我慢できない」と「必要と願望の混同」の思考ミスを犯している自分自身の能力を過小評価することがないよう，よく注意します。私が我慢できないことは，殺されることだけです。それ以外のものはすべて，私にとって不都合で不便なだけです。

　私は，生きるか死ぬかの状況でないにもかかわらず危機的状況だと間違って理解することを断固としてやめます。心配とはロッキングチェアに座っているようなものだ，ということを理解しています。そこでは動いてはいるけれど，どこにも行けないのです。心配することそれ自体は，何も状況を変えません。心配とは文明社会の魔術です。何かを心配しても，周りの環境が心配の魔法で影響されることは決してありませんでした。私や私の愛する人たちの幸福が脅威にさらされるなら，私は心配し，その心配事の原因に働きかけます。しかし，心配事に対して行動を起こすことを嫌がるのなら，心配すること自体が無意味なことです。

　私は不安を好まないのですから，自分自身をわざと不安の渦に沈めることは断固としてやめます。私は，不安を感じたり神経質になったりしても，我慢できます。ただ，好きではないというだけです。不安を感じることは不快で不便なだけで，我慢できないものではありません。

　私は，人生に立ちはだかった障害をこれまで処理してきました。その一番の証拠は，私がまだ生きていることです。解決策をいつも即座に見つけることはできませんが，最終的には見つけることができます。私は引き続き，人生に立ちふさがるすべての障害に立ち向かっていきます。

罪悪感から抜け出るスクリプト

　罪悪感とは自分自身に向かう怒りのことです。罪悪感を抱いたら，まず，起こった出来事について，自分にどのくらいの責任があるのかをはっきりさせる事実を探します。もし，私の過ちでないのなら，自分を責めることに意味はありません。また，負うべき責任以上に自分を責めることも意味がありません。

　もし，私に落ち度があるとしても，私はその結果になることをすべてやったのですから，正確にやる必要があったことだけを心にとめておきます。「こうすれば正しかった」とか「ああすればよかった」と考えるわけではありません。いくら私が 1 ＋ 1 ＝ 4 になってほしいと願っても，1 ＋ 1 ＝ 2 にしかならないということです。私がそれをしたのは，そうするための必要な条件がすべて揃っていたからです。そうでなければ，それをしなかったということです。だ

から，ミスを繰り返したくなければ，修正できる部分を探し，そこを変えるように働きかけます。

　起こってしまった出来事をくよくよ考えて，残りの人生を惨めにすることもできます。しかし，それでは何も解決しないし，将来同じ出来事が起こっても予防することができません。問題を繰り返さないためには，積極的に違う方法を選択すべきです。そうすれば，起こった出来事に罪悪感を抱く必要はまったくないのです。

　また，私にとって重要なことは，実際に何が起こって，私が何をしたかを正確に見極めることです。私は何かルールを破ったのでしょうか？　人間社会のさまざまなルールは非科学的ですが，誰かがそのルールをひとつでも破ると，世間がこの世の破滅かのような大騒ぎをすることを心にとめておきます。私は，他の人と同じように，過ちを犯しやすいことを今は理解しています。人間は間違いを犯すものなのです。

　要するに，罪悪感は，私の気分を悪くするだけで，何の役にも立ちません。もし，私が行動を変えたければ，どうするかを学び，実行します。私には過去を消すことができません。過去に生きることを断固として止めれば，将来が幸せになる可能性はもっと大きくなるのです。

│ 2 ─合理的ビジュアル化

　合理的ビジュアル化は，あなたの望む結果を頭に思い浮かべる練習です。あなたがどのように行動して，どう感じたいかをビジュアル化して，頭のなかでリハーサルします。

　RLT では，クライエントに合理的ビジュアル化を行なうよう熱心に勧めます。それはとても効果があるからです。なぜ効果があるのでしょう？　それは，人間の脳は，外から与えられる映像と，内側から生み出される映像との違いを認識しないからです。だから「夢」は，私たちにとってとてもリアルなのです。夢を実際に経験しているといってもよいでしょう。脳が両者の違い，つまり夢が現実ではないことをわかっているのなら，悪夢を見て冷や汗をかいたり動悸がしたりすることはありません。

│ 合理的ビジュアル化のインストラクション

　A──練習したい新しい合理的な考え方を発見してください。

　B──新しい考え方が必要とされる状況で，あなたがどのように感じ，行動したいかはっきりさせましょう。

　C──力を抜いた姿勢で座り，リラクセーション・テクニックを練習してください。私が開発した CD「合理的漸進的筋弛緩法」を使用することで，素早く深くリラックスする方法を学ぶことができます。リラックスするための効果的なメソッドとして，この CD を購入する（第 12 章を参照してください）か，セラピストに漸進的筋弛緩法を教えてほしいと依頼してください。

　D──あなたの望むレベルまでリラックスできたら，新しい行動や反応をビジュアル化する練習をします。新しい思考が必要となる状況で，その考え方を思い浮かべているところをイメージしましょう。ビジュアル化の練習をしているとき（たとえば，恐怖感を克服し

ようと努力しているとき）に，どんなかたちであれ不安や不快を感じたら，練習を中止し，リラックスしてから再開してください。もし，繰り返し不安や不快を感じるなら，ビジュアル化の練習はやめて，その体験をセラピストと話し合ってください。今まで扱われなかった，あなたを苦しませる別の考え方が存在するのかもしれません。

　合理的ビジュアル化を活用すれば，あなたは自分自身がとらわれている地点をはるかに超えて，動き出せるようになります。たとえば，多くの親族が心臓疾患で亡くなっているために「自分も50歳代で心臓疾患のために死ぬのではないか」と心配している女性がいるとしましょう。私は彼女に「元気で，心臓も丈夫で，健康な身体を維持している80歳の自分」をビジュアル化する練習をしてもらいます。

　しかし，不合理なビジュアル化をする人は多いものです。彼らは無意識のうちに，望まない行動と反応を思い浮かべることを練習しているのです。若くして死ぬことを心配している女性は，実際に50歳で死んでしまうことをビジュアル化しているでしょう。RLTセラピストは「私たちは見ている方向に動いてしまうのです」とクライエントに伝えます。50歳代で死んでしまう方向を見ているのなら，無意識のうちにそれを実現してしまいます。80歳で健康に生きている方向を見ているなら，それを実現するために必要なことを行なう可能性が高くなります。

3―自己催眠術（セルフ・ヒプノシス）

　自己催眠術（セルフ・ヒプノシス）は，ビジュアル化と似た，優れた心理的練習のテクニックです。詳しくは第10章をご覧ください。

4―イメージによる系統的脱感作法

　イメージによる系統的脱感作法は，恐怖を感じる状況を分解し，最小の恐怖から最大の恐怖を感じる状況まで，順を追って慣れていくためにつくられたものです。たとえば，もし，犬を怖がっている人がいたとしたら，次のようなステップをつくります。

```
                                                    犬の横に立つ。

                                          犬から 3 m
                                          離れて立つ。

                              7 m 離れたところから
                              犬を見る
                              いつでも逃げることが
                              できる

                  15m 離れたところから
                  犬を見る
                  いつでも逃げることが
                  できる

        7m 離れた
        フェンス裏から
        犬を見る

15m 離れた
フェンス裏から
犬を見る
```

　イメージによる系統的脱感作法では，最初に，恐れている状況をいくつかに分解し，恐怖が最小の状況から最大の状況まで順番に並べた「ステップ」をつくります。リラクセーションは，各ステップのビジュアル化とペアにして行ないます。現在のステップをビジュアル化するクライエントの抵抗がなくなるまで，次のステップをビジュアル化することはしません。

　図の例では，クライエントは犬から 15m 離れたフェンスの後ろにいることをイメージします。このイメージをもちつつ，合理的ビジュアル化をしながら，漸進的筋弛緩法を通して平穏な状態を維持します。この状況を思い浮かべても不快にならなければ，次の恐怖状況，「7m 離れたフェンス裏から犬を見る」というステップに移ります。クライエントが現在のレベルの状況を不快感なく思い浮かべられるようになるまでは，次のステップには進みません。最も恐いレベルの状況を頭のなかに思い描いても落ち着いていられるようになれば，次に述べる「生体内の」脱感作を始める準備ができたと言えます。

②身体的練習

　心理的練習は優れた方法ですが，あなたが望む行動を身体的に行なうことは，多くの状況に

適応できることにもつながります。十分な心理的練習は，望ましい行動を心地よく行なうことを可能にします。その結果，次の段階は，心理的練習を実際の行動に移し，定期的な身体的練習を始めます。スピーチ不安が問題なのであれば，実際にスピーチするのです。義母に対する怒りが問題であれば，義母の家を実際に訪問して，心理的練習で行なった望ましい思考と行動を実行するのです。

　私たちは「実際に見るまでは信じない」と頑なに思い込んでしまうことがあります。このような場合は，身体的に新しい行動や反応を練習しても，ずっと不快感を味わうでしょう。もし不快感が継続するなら，「体を使った」脱感作法を行なってみてください。つまり，イメージによる系統的脱感作法の身体的練習です。漸進的なステップに沿って，望ましい行動を，体を使って練習します。心理的練習で行なったように，各ステップで十分な安心感が得られるまで，身体的練習も同じように行ないます。

▌積極的に「まるで〜かのように」行動する

　積極的に「まるで〜かのように」行動することは，感情と行動を変化させるために非常に重要です。新しい行動を練習するときも，まるでそれがいつもの行動であるかのように振る舞います。

　たとえば，私は最近，家に新しいオーダーメイドのドアを取り付けました。それは既成品の「ドア枠とセットになったドア」ではありません。既製品は取り付けた経験がありましたが，オーダーメイドは初めてです。そのためには蝶つがいを取り付け，ドア枠にはまるようにドアの端を削り，ドアがスムーズに開くかどうか確認しながら作業しなければなりませんでした。作業が終わった後で，妻が「あなたが取り付け方を知っていてよかったわ」と言ったので，私は思わず笑ってしまいました。だって，私は取り付け方を頭では考えていましたが，実際にやってみたことはありませんでしたから。私は慣れているかのように見せかけたのです。妻を騙すつもりはなく，練習のために「見せかけた」のです。私は「まるで」慣れている「かのように」行動し，「いかにも」仕事ができるように振る舞ったのでした。もし，取り付け方を完全にマスターするまで待っていたら，一生取り付けられなかったでしょう。

　「まるで〜かのように」行動する方法のひとつとして，ロール（役割）モデルを見つけることがあります。あなたがしたいことを得意とする人や，あなたが体得したい技術をもっている人をモデルにするのです。自信をもって上手に女性をデートに誘いたい若者には，自信をもって上手に女性をデートに誘える人をロールモデルにするよう勧めています。次に，その若者が選んだロールモデルがどうやって女性にアプローチするのか，何を言い，何をするのかを学ぶようにアドバイスします。そうすることで，彼は女性を誘うとき，自分がロールモデルになったつもりで，同じような行動ができるようになります。

　積極的に「まるで〜かのように」行動することは，難しい状況を上手く乗り越えることにもつながります。もし，あなたが朝気分良く起きられず，職場や学校で過ごす長い１日を目の前

にしてどんよりしているなら，まるで素晴らしい1日が始まると感じているかのように行動しましょう。まるで幸せを感じているかのように行動すればするほど，もっと幸せを感じることができるでしょう。幸せを感じる理由はひとつもないと確信していても，まるで幸せであるかのように行動することは，幸せに感じる理由を見つけだすきっかけを与えてくれます。

新しい考え方を成長させるものは何でしょう？

「成長させるもの」の一番重要な部分は，あなたの考え方を変えることです。新しい合理的な考え方を種とみなし，それを植えることに例えれば，水をやり，若木になれば十分な肥料をやり，立派でしっかりとした成木になるまで世話をしたくなるものです。

新しい考え方を成長させる4つの要因があります。この4つの要因を新しい合理的考え方の肥料にしましょう。

● 考え方への期待

考え方への期待とは，その考え方をすれば利点がある，ということを発見することです。あなたが現時点でその考え方を信じていなくても，です。これはよく，カウンセリングや心理療法で起こります。クライエントはセラピストが言っている言葉を信じていなくても，提案された考え方の利点や優れた点を受け入れるようになります。

もし，考え方への期待がなかったら，宝くじやギャンブルは存在しないでしょう。人は宝くじを買うために長時間列に並びますが，一体何がそうさせるのでしょう？　大当たりの確率が高いときでしょうか？　皆さんは，宝くじが当たる確率はとても低いことを知っています。それでも窓口に並ぶのは，こう考えるからです。「宝くじが当たりさえすれば，どれだけ私の人生はよくなるだろう！」。これが，考え方への期待です。

あるクライエントが「自分は頭が悪い」と考えているとしましょう。セラピストは，彼女が考えているよりもずっと頭が良いのだということを理解できるように働きかけます。彼女はその言葉を信じませんが，もしセラピストの言う通りに考えたら，もっと幸せな気分になり，目標に近づけることは納得します。クライエントは「自分は賢い」という考え方の利点に気づき，この考え方を支持する証拠を見つけるチャンスを得るのです。

● 考え方の反復

反復とは，この章の最初で述べた通り，新しい合理的な考え方を毎日繰り返し考えることです。繰り返し考える機会が多ければ多いほど，あるいは，メッセージが繰り返し伝えられれば伝えられるほど，私たちはそれを信じるようになります。「彼は嘘ばかりつくけど，時間が経ったら自分でもその嘘を信じてしまっていた」というような話も反復の結果です。

● 考え方の証拠

考え方の証拠は，その考え方を長期的に発展させるためにとても重要です。多くの人が，砂

上の楼閣のように地盤の弱い考え方をもっています。そのような考え方は，困難を乗り越えるだけの十分な耐性がありません。私たちは，強固な地盤の上に築かれた，新しい合理的な考え方を手に入れたいのです。

私はこんなことを言われるときがあります。「私はすべて上手くいくと思って努力したんです。だけど，ずっとそう考えることができなかったんです」。「すべて上手くいく」という考え方を支持する理由は何かと尋ねても，たいていの場合「別にないですけど」と返答されます。これが，弱い地盤しかもたない考え方の例です。「その理由は，過去に経験して切り抜けてきたからだし，同じような経験をした他の人たちも，よく似た状況で上手くやっているからです」と答える人は，新しい考え方をずっと身につけていくでしょう。

新しい合理的な考え方を強固な地盤の上に築くために，それを支持する証拠を日々探しましょう。

これに関連して，専門家の声も検討してみましょう。知識が豊富な情報源であればあるほど，私たちはその情報を真面目に受け取ります。しかし残念なことに，知識量の豊富さと，それが正しいかどうかは別物です。知識をもつ人からアドバイスをもらうことは良い考えですが，そのアドバイスが正しいかどうかを調べてみましょう。そうしても誰も傷つけません。たとえば，私の主治医である内科医と心臓外科医は，ふたりとも優秀です。私は彼らを信頼しています。彼らは私の心血管障害を見つけて命を救ってくれました。しかしそれはそれとして，彼らが新たに処方した薬と今飲んでいる薬との相互作用などについては，私自身が直接確かめています。

● 感情的洞察

感情的洞察とは，反復，ビジュアル化，身体的練習などの結果です。感情的洞察は，考え方が「正しいと感じる」ことです。ある考え方が正しいと感じると，あなたはそれを信じやすくなります。以前に説明した通り，このような「感情に任せた思いつき／胸の奥での直感」は良くありません。考え方が合っていると感じることと，本当に正しいこととは違うからです。しかし，それでも，練習によって新しい合理的な考え方が正しいと感じられるようにするのは得策なのです。

次の表は，4つの要因をもとにしたワークシートです。あなたが新しい考え方を練習しやすくなるようにセラピストがこの用紙を使うこともあります。

1番目のステップでは，あなたの目標を明確にします。これは，新しい考え方を練習する理由となります。

2番目のステップでは，練習する新しい合理的な考え方を書き出します。最初にセラピストは，あなたが発見した新しい考え方が合理的かどうかを確かめる手伝いをしてくれます。新しい考え方を発見する方法を正しく理解すれば，それ以後，あなたはひとりで作業を進められます。セラピストは作業内容に関してフィードバックをくれるでしょう。

3番目のステップでは，新しい考え方を支持する証拠を毎日探します。新しい考え方を支持するかどうかが曖昧でも，とにかく書き出してください。書いた内容をセラピストと話し合っ

てもよいでしょう。

　4番目のステップでは，新しい考え方を練習するスケジュールを立てます（ひとりで音読します）。決まった時間に練習できるようにスケジュールを組んでください。

　5番目のステップでは，十分に練習した後で，新しい考え方が心地よく感じられたことをはっきり書き出してください。

　次の章では，新しい考え方を得るためのもうひとつの優れた方法，合理的ヒプノセラピー（催眠療法）について説明します。

考え方の練習

目標：別れた恋人と偶然会っても，穏やかで落ち着いて，親切にする。

考え方：物理的に存在しているものは何でも「存在する何らかの意味がある」。だから僕が，「存在する意味がない」ことはありえない。僕という存在は，人間としての存在だ。僕が人間でいるために，他の人は必要ない。僕は他の人と同じように，価値ある人間として生まれてきたのだから，誰もどんなこともその価値を奪うことはできない。

　　僕は，別れた恋人が絶対必要だったわけではない。ただ，彼女に僕の恋人でいてほしかっただけだ。だから，失恋した悲しみをありのままに味わう。それは決して我慢できないほどひどいこと，最悪なことではない。僕には自分自身の人生があるから，彼女との別れは確実に我慢できる。

　　失恋した事実を穏やかに早く受け入れることができるほど，より早く別の女性と，新しい恋愛関係を築いて幸せになることができる。

思考への期待：この考え方だと，別れた恋人に偶然会っても，穏やかな態度になりやすい。

思考の証拠：

思考の反復：この考え方を 1 日に最低 5 回，1 カ月間，繰り返し復唱する。時間は下記の通り。

感情的洞察：考え方を繰り返し練習すると，最後には「正しいと感じる」ようになる。だから毎日練習する。

第 10 章

合理的ヒプノセラピー（催眠療法）

　自分自身をコントロールできなくなる恐れや，宗教上の理由から，「催眠にかけられる」ことを不安に感じる人がいますが，合理的ヒプノセラピー（催眠療法）はとても効果的なテクニックで，セラピーの進行を早めることができます。もしあなたが，興味はあるけれど不安感もあるならば，セラピストとヒプノセラピーへの不安について話し合ってください。もし，何らかの理由で催眠をかけてほしくないのであれば，これを受けなくてもセラピーの進行に何ら問題はありません。合理的ヒプノセラピーは，セラピーにおける必須項目ではありません。

　これまでに，私たちの考え方が感情と行動を生み出すという事実をはっきりと理解できたと思います。また，私たちは「いろいろな方法で考え方を獲得する」という事実も重要です。私たちは，他の人がどう考えるのかを観察することによって考え方を学びますが，これは，「観察学習」と呼ばれます。大統領選挙が行なわれる年に子どもたちに意見を求めたら，小学校 1 年生でも誰が大統領になる「べき」なのかを話してくれるでしょう。どうやってその意見をもつに至ったのでしょう？　子どもたちは両親の言っていることを聞いて，両親と同じ見方を取り入れたのです。

　私たちは「オペラント条件づけ」によっても考え方を学びます。これは，私たちの考え方に良い反応が返ってきたり，罰を受けたりすることで学んでいく方法です。私たちは，ある考え方が良い反応を得られたら，その考え方を続けようとします。罰を受けたら，その考え方を二度としないようにします。罰とは，たとえば，「この自動販売機からは，コーラが出てくる」と考えていたのに，違っていた場合です。その後は，その自動販売機からコーラが出てくるとは考えなくなります。

　もうひとつ別の方法もあります。それは，「催眠状態」によって考え方を学ぶことです。「催眠も役に立つかもしれないが，私は今まで催眠術をかけられたことはない。だから，催眠状態によって考え方を学ぶなどということは，これまで絶対なかった」と考える人もいるでしょう。しかし，私たちは皆，毎日自然に催眠状態を経験しているのです。私たちは起きているときも寝ているときも，催眠状態を経験しています（そのうち，学習に最適なときが 2 回あります）。また，空想にふけっているときも，私たちは催眠状態に入っています。何か考えごとをしていて，はっと気がつくとすでに目的地に着いていて，どうやって来たのだろうと不思議に思ったことはないでしょうか？　そのときあなたは催眠状態にあったのです。突然のショックやトラウマを経験したときもまた催眠状態に入っています。錯乱状態に陥れば，もっと深い催眠状態を経験するようになります。

最適な，ただしとても不幸な例として，多くのアメリカ人が2001年9月11日に経験したことを挙げましょう。私は，あの日のことを今でも鮮明に覚えています。私はメンタルヘルス専門家向けのセミナーをウィスコンシン州アップルタウンのホテルで行なっていました。セミナーは午前8時半に始まりました。セミナーの開始から10分ほど経ったとき，誰かが部屋に飛び込んできて，飛行機がニューヨークのワールド・トレード・センターに突っ込んだと知らせました。私は，飛行機といっても小さなもので，それが事故を起こしたと思っただけでした。しかし，午前10時の休憩時間にロビーに行ったところ，すぐにその予想が大きく外れていることを悟りました。そのロビーにはとても大きなスクリーンが設置されていたので，ホテルにいる人全員がロビーに集まったに違いありません。にもかかわらず，その場はとても静かで，ピンが落ちた音さえも聞くことができるくらいでした。皆，かなり深い催眠状態のなかで，スクリーンに釘付けになっていました。このとき何が催眠状態をつくりだしたのでしょう？　目撃したことのトラウマ的性質（死と破壊）と，それにより生じた精神的混乱（私たちは自分が見ていることを信じることができませんでした。意図的に飛行機でビルに突っ込む人間などいないと思っていたからです）が相まって，私たちを深い催眠状態へ導いたのです。

　催眠状態では，言われること，考えること，与えられたメッセージについて，情報の大部分を事実として私たちは受けとめます。催眠状態が深くなればなるほど，その情報に基づいて行動する可能性が高まります。

　たとえば，ある対人恐怖のクライエントは，大勢の人がいるところ，特に何らかの集まりに行くことをとても怖がっていました。セラピーの一部として，私は合理的ヒプノセラピーを行なうことにしました。後催眠（望ましい催眠状態に入った後）で私が彼女に与えた暗示は次のようなものでした。「大勢の人を見ると，あなたはリラックスします。そして大勢の人を見るたびに，前よりも2倍の速さで，あなたはリラックスすることができるようになります」。次の週のセッションで，私はクライエントにどうだったかを尋ねました。すると彼女はこう答えました。「それが，すごく変なんです。先週，先生が私は大勢の人を見るとリラックスするって言ったことを覚えてますか？　それを聞いたときは，そんなに馬鹿げた話はないと思ったのに，今は人が大勢いてもリラックスできるんです」。クライエントは，暗示を聞いたときにはまったく信じていなかったし，なぜ今は大勢の人と一緒にいてもリラックスできるのかは，まったく説明ができませんでした。その暗示が効いた理由は，彼女はヒプノセラピーで良好な催眠状態にあり，暗示を拒否しなかったからでした。言いかえれば，暗示を与えても，彼女が「大勢の人と一緒にいるときにリラックスするなんて嫌だ」と心のなかでつぶやいていたら，効果がなかったでしょう。

　RLTセラピストがヒプノセラピーを行なう（もちろん，クライエントの許可と，インフォームド・コンセントを取った後ですが）一番の理由は，クライエントが与えられた暗示やメッセージを信じる必要がないまま，そのように考えたり行動したりすることができるようになるからです。クライエントは，セラピストが勧めるポジティブで合理的な考え方やメッセージを信じたいと期待していますが，信じることがなかなか難しいときもあります。それはたいてい，信

第 10 章　合理的ヒプノセラピー（催眠療法）　│　163

じる理由が見つからないからなのです。ヒプノセラピーを用いれば，クライエントは，そのポジティブなメッセージを「信じているかのように」行動を起こすときに，メッセージを無理に信じる必要がなくなるのです。

　ヒプノセラピーを行なうもうひとつの理由は，実証研究が示す通り，深い催眠状態に入れば入るほど，クライエントが行動を起こすために必要な情報を与える回数を減らすことができるからです。クライエントが，たった１回のヒプノセラピー・セッションで問題から開放されるとは限りません（もっとも私は，１回だけのヒプノセラピー・セッションの後に，劇的な良い結果が出るのを何度も見ています）。しかし，ヒプノセラピーでは，他のアプローチよりも，問題解決のための情報を少ない回数で提供できます。その結果，合理的ヒプノセラピーは進行が早い優れたテクニックだと考えられるようになりました。合理的ヒプノセラピーは，私たちが考え方を変えるのに役立つ方法のひとつです。クライエントがセッションに参加できない場合（たとえば，怖くて家から出られないなど）や，症状が重い場合には，合理的ヒプノセラピーをセラピーの初期段階で勧めることがあります。それ以外の場合は，合理的ヒプノセラピーはたいていセラピーの最後のほうで導入されます。

　通常，ヒプノセラピーには，少なくとも２回のセッションが必要です。１回目のメイン・セッションと，２回目のテープに録音するセッションです。テープに録音することで，クライエントは自己催眠術を練習することができます。自己催眠術は，リラックスするための優れた方法で，どんな問題にも適用することができるセルフ・カウンセリング・テクニックの方法です。

　催眠術やヒプノセラピーに関しては，数多くの誤解があります。次に，よくある俗説をリストアップしました。

　ご覧になった通り，ヒプノセラピーはとても安全で，古い不合理な考え方を取り除き，新しい合理的な考え方に置きかえるための効果的な方法です。催眠状態は，眠った状態ではありません。全身麻酔をかけられた状態に陥るわけではありません。催眠状態では何の感情も湧きません。多くの人は，今までに味わったことのない独特な感覚を体験することを期待し，その感覚を体験しないと「私は『催眠にかからない症候群』だ」と思いがちですが，そんなことはありません。あなたが合理的ヒプノセラピーに同意したら，セラピストはセッション中にあなたが良好な催眠状態にあるかどうかを確かめる害のないテストを実施します。

　また，催眠状態でもあなたはセルフ・コントロールを失うことがないばかりか，通常よりももっとセルフ・コントロールが効くようになります。たとえば，もし誰かがあなたに，今すぐ右手を完全に麻痺させて，手術しても痛みを感じないようにしてくれと頼んでも，普通ならそれはおそらく無理でしょう。しかし，催眠状態では，手を麻痺させたり，温めたり，冷たくしたり，石のように重たくしたりすることができます。ヒプノセラピーには可能性が無限に含まれているのです。

催眠術／ヒプノセラピーに関するよくある俗説

1. **俗説**：催眠中は，眠っている。

   事実：催眠中は，完全に起きています。

2. **俗説**：クライエントは催眠中に周りで何が起きているかわからない。周りの環境から完全に遮断されている。

   事実：クライエントは催眠中に通常聞こえる音はすべて聞こえています。目を閉じるように言われますが，周りで何が起こっているかはわかります。

3. **俗説**：催眠中，セラピストにクライエントはしたくないことをさせられてしまう。たとえば，銀行強盗をしたり，服を脱いでしまったり。

   事実：倫理的なセラピストは，そのようなことをクライエントにさせません。クライエントは，自分のモラル，願望，生命の維持に反する提案は，何でも拒否することができます。

4. **俗説**：クライエントは催眠状態から抜け出せない。

   事実：催眠状態から「抜け出せない」ことは不可能です。人間は，起きているとき，寝ているときはいつでも，準催眠状態を経験しています。起きているときは，ただ目を開けたまま睡眠状態に入るのです。

5. **俗説**：セラピストがクライエントに催眠をかける。

   事実：クライエントが自分自身に催眠をかけます。セラピストは，催眠状態を通してクライエントを誘導するだけです。

6. **俗説**：催眠中はセルフ・コントロールを失ってしまう。

   事実：催眠中もセルフ・コントロール力は維持されます。

7. **俗説**：私は今までに催眠状態に入ったことがない。

   事実：私たちは毎日，ある程度の催眠状態を経験しています。

8. **俗説**：催眠術は，悪魔の仕業である。催眠術は自分を危険にさらして，何かに取りつかれやすくする。

   事実：まったく何の証拠もありません。多くの牧師や神父がヒプノセラピーを使っています。

第11章
その他のテクニック

　これまでにまだ紹介されていない重要なセルフ・カウンセリング・テクニックが8つあります。それは，(1) 連鎖のブロック，(2) 環境コントロール，(3) 行動の強化，(4) 相反する行動の強化，(5) 鳥の視点，(6) 先のことを考える，(7)「人生は短い」という哲学，(8) ポジティブ／ネガティブ・イメージの利用，です。これらのテクニックを活用すると，セルフ・カウンセリングをもっと上手に行なうことができるようになります。

①連鎖のブロック

　行動や反応を出来事の連鎖だと考えれば，その連鎖のブロックが早ければ早いほど問題行動を上手く防ぐことができます。

　ポールは，仕事中に突然不安に襲われるときがあります。そんなときはたいてい，帰宅の道すがらバーに立ち寄り，大酒を飲んでひどく酔っ払ってしまいます。連鎖のブロックの最初のステップは「パターンに気づくこと」です。あなたが変えたいと思っている行動や反応は，いつ出現するのでしょう？　本当は望んでいない行動や反応が出てしまうとき，あなたは何を思い浮かべているでしょう？　この2つの質問の答えを把握できると，新しい方法を導入すべき時点を特定できます。ポールには不安に襲われると大酒を飲み泥酔してしまうというパターンがあります。不安の原因となる考え方を取り除くまで，不安自体は泥酔への警告として利用します。

　2番目のステップでは，望まない行動や反応を防止するための行動を計画します。この計画で大切なのは，望まない行動の発生を不可能にすることです。ポールにとって上手い計画とは，不安に襲われたときは妻に電話して車で迎えに来てもらうか，職場から家まで一緒に帰ってもらうことです。

　3番目のステップは，計画に従って行動を開始することです。まずいやり方で行動したり反応したりすることを断固としてやめる決意宣言をし，計画を行動に移します。ポールは，仕事場で不安に襲われたら，心のなかでこう繰り返します。「家に帰る途中で，絶対飲みには行かないぞ。そのかわりマリーに電話して来てもらって，家まで一緒に帰るんだ」。

　連鎖のブロックが役立つ状況はたくさんあります。たとえば，軽い話題なのに言い合いになってしまうことが多いなら，会話が始まったばかりでも連鎖のブロックを使って話題を変えてみましょう。

②環境コントロール

　環境コントロールとは，目標を達成するための環境づくりをすることです。環境コントロールは特に「習慣のコントロール」に対して効果的です。たとえば，体重の減量を目指すクライエントには，医師が許可する適切な食事プランを立て，その食事プランと食事内容を理解したら，家にあるプランにない食べ物をすべて捨てるように勧めます。そうしてもらう理由は，クライエントがプランにない食べ物を食べてしまうからではなく，誘惑のあるところにわざわざ身を置く合理的な理由がないからです。

　毎週タバコの本数を減らして徐々に禁煙しようとするクライエントには，その日に吸う予定の本数だけ家に置くように言います。たしかに，クライエントは買おうと思えばもっと買うことができます。しかし，買いに出かける時間を，吸いたい本数よりも少なくしてはどうかと自問する時間にすることができます。

　アルコール依存のためのグループ（AA）では，メンバーにお酒を出す店を避けるよう勧めています。私はクライエントに，自分が達成したいと考えている目標を成し遂げた人と交わるように何度も勧めます。そのような人は，合理的で，前向きで，楽天的で，不合理的な悲観主義を避けているからです。私たちは，自分の考え方，感情，行動をコントロールできることを忘れないでください。だから，もし周りの人が悲観的に物事を考えていても，私たちも一緒になって悲観的に考えなければならない理由はありません。

③行動の強化

　強化子とは，ある行動が繰り返される可能性を高めるものを指します。たとえば，何か上手くできたときに与えられるご褒美のように，強化子は行動を促進するものとして使われます。行動の強化は，報酬を受け取るために絶対にしなければならないことです。子どもをしつけるときによく使われますが，大人にも用いられます。

　行動の強化は，意識的に自分自身に課すこともあります。難しい課題に取り組むよう自分を奮い立たせなければならないとき，課題が終わったら好きなテレビ番組を観てもよいことにし，もし終わらなかったら番組を観ないようにする，というのはその例です。この方法には自制心が必要です。重要な目標をはっきり定め，それを深く心にとめ，行動の強化のような方法が目標達成の鍵だと理解しているときだけ，自制心は意味をもつのです。

④相反する行動の強化

　脳に関して重要なことは，脳は掃除機のように何でも吸い込めるわけではないということです。つまり，ある行動を取り除いても別の行動で置きかえなければ，古い行動が復活します。だから，置きかえる行動（代替行動）を発見することはとても重要です。代替行動，つまり新

しい行動や反応を発見して置きかえれば、元の古い行動がそれと同時に起きることはありません。だから、代替行動は、古い行動と相容れないものにすべきです。

次のような政府広報があります。「チューバを吹きながら、マリファナは吸えない」。この広告は、チューバを吹くことがマリファナを吸うことと相反するということを明らかにしています。もし、あるクセを取り除きたければ、そのクセの代替行動を発見してください。テレビを観ながら爪を噛むクセを止めたいなら、そのクセがなくなるまで、テレビを観ている間は両手をポケットに入れておくということです。車を運転しながらタバコを吸うのを止めたいなら、運転中は両手でハンドルを握るようにします。毎晩大酒を飲むのをやめたいなら、夜に開かれる健康的な活動を見つけて参加しましょう。

⑤鳥の視点

意識しようがしまいが、日々私たちは、いろいろなものを比較しています。たとえば、周りの人を人としての魅力、協調性、知性、人の話に耳を傾ける態度などで評価しています。

「あの人はあまり知的ではない」と言うとき、知性を測る何らかの基準によってその人物を測っています。これは、私たちが、皆が同じような知性を持っているわけではないと考えているからです。心理学では、このことを図地比較と呼ぶこともあります。たとえば、「クリントン大統領はカーター大統領と比べてずっといいね。でも、レーガン大統領と比べると大根役者だ」などと言う場合です。つまり、何と比較するかによって認知が変わるということです。このことは、私たちが問題を評価するときに重要です。つまり、ネガティブな状況をすべて等しく悪いと考えて、すべての問題に対して同じネガティブな感情を抱かないようにするためには、高いところから下を眺めるように、問題を相互に比較して考えることが重要だということです。

ある朝、私は車でオフィスに向かっていました。その日は仕事のスケジュールがびっしりと詰まっていました。状況が悪く感じられたのは、ひどい頭痛のせいもありました。しばらく車で走って信号にひっかかったとき、スーパーマーケットの駐車場でひとりの男性が車から出てくるところを偶然目にしました。彼は車から出るのに苦労している様子でした。ようやく出てきたとき、私はその理由がわかりました。その男性は身体障害者だったのです。彼は杖をつきながら、苦労しながらスーパーマーケットに入っていきました。私はこの男性を見て、頭痛と忙しいスケジュールはたいしたことではないと理解しました。彼は、もし可能なら、喜んで私と自分を取りかえたでしょう。

逆に、他の人が自分よりも悪い状況にあるなら、今の状況を嘆く権利は自分にはない、と考える人も出てくるでしょう。しかし、「鳥の視点」は、心が動揺しないためのテクニックではなく、あなたのコントロールを超えて感情が揺れないようにするためのものだということを忘れないでください。

⑥先のことを考える

　何かで心が動揺したら，こう自問してみてください。「私は，今と同じような感情の揺れを，明日も，次の週も，翌月も，また翌年になっても体験するのだろうか？」。答えが「いいえ」なら，今の感情は理にかなっていません。しかし，もし，今と同じように翌週も感情が揺れるに違いないと確信しても，その感情が理にかなっている証拠にはなりません。あなたが翌週も動揺している唯一の理由は，動揺を生み出す信念を次の週ももっているからです。次のように自問してみてください。「なぜ明日は，今のようには感情が揺れないと思うのだろう？」。たいていは次のような答えが考えられます。

- 明日は今日ほど疲れていないだろう。
- 明日はおそらく今日のような頭痛は起きないだろう。
- 今の状況は明日以降に起こることとはまったく関係がない。
- 明日までに解決策がたぶん見つかるだろう。
- 明日は，今起こっていることの多くは続いていないだろうから，自分から働きかける機会がもっとあるだろう。
- 今日は他のことにも動揺しているから，今だけこう考えているのだ。
- 明日までには慣れるだろう。

　「時間」は傷を癒してくれません。時間はただ，私たちが嫌な感情抜きで自問できる機会を与えてくれるだけです。だから，あなたが現在感じている心の動揺を1週間後に同じように感じないのなら，それはあなたが感情に溺れず自問する方法を見つけたということなのです。

⑦「人生は短い」という哲学

　実存主義の心理学者や哲学者は，人生は「死」がなければ無意味だと言います。もし，人生に終わりがなければ，生きていることは永遠に続く日々の繰り返しになるわけですから，大きな価値はなくなってしまうということです。

　もちろん，すべての人間は，ある時点で死ななければなりません。その事実を認めて受け入れれば，私たちは人生の大切さを味わうことができます。したがって，あなたが何に対してもいつも心が動揺してしまうのなら，こう自問してみてください。「私はこんな嫌な気持ちで，毎日を過ごしたいのだろうか？」「もし，明日死ぬとわかっていたら，今と同じ感情の高ぶりを感じるのだろうか？　それとも，くだらなく見えるのだろうか？」。

⑧ポジティブ／ネガティブ・イメージの利用

　ポジティブ／ネガティブ・イメージは，問題行動を取り除き，合理的行動に置きかえるために役に立つテクニックです。

　ポジティブなイメージは，ポジティブで合理的な行動を促します。このイメージは，合理的行動の良い結果のビジュアル化です。反対に，ネガティブなイメージは，不合理的な行動から生みだされるネガティブな結果をビジュアル化することで，不合理的な行動を抑制します。最初にネガティブなイメージを思い浮かべ，その直後にポジティブなイメージを思い浮かべることを私は勧めています。

　先にも書きましたが，私は冠動脈のバイパス形成手術を受けました。主治医は，高いコレステロールのせいで動脈が詰まっていたこと，だから低脂肪，低コレステロール食を徹底することがとても重要だと教えてくれました。しかし，私は高コレステロールとなった原因の食べ物，チーズ，ステーキ，ハンバーガーなどなどが大好きでした。

　これらの食べ物がまずく感じるように，そして心臓に良い食べ物が好きになるように，自分に対してイメージを利用するセッションを組みました。まずハンバーガーを食べているところを思い浮かべ，その後すぐに，心臓発作を起こして死んでしまう場面を思い浮かべました。また，チーズやステーキを思い浮かべ，その後すぐに，手術を受けるために病院のベッドに横たわっている自分の姿を思い浮かべました。こうしたイメージによって気分は悪くなりましたが，その直後に漸進的筋肉弛緩法を行なって気持ちを静め，パスタや野菜を楽しむ健康的で元気な80歳の自分を思い浮かべました。その結果，動脈を詰まらせる原因になる食べ物は明らかに魅力的でなくなり，心臓に良い食べ物をとても魅力的に感じるようになりました。

第12章
おわりに

　あなたは人生のガイドを手に入れました。たとえ何があろうと，健康な心で幸せな生活を送るために役立つガイドです。大切なことを毎日練習することや，少なくとも時々思い出すことで，合理的セルフ・カウンセリングの方法を人生で活用でき，そこで示される一つひとつの方法にはすべて裏づけがあると自信をもって言うことができます。

　本書のことを，情報満載で，何かしらの道を教えてくれた本だと考えていただけたら幸いです。あなたがこの本を通して体験したことを教えていただければ嬉しいです。どうぞ，下記までお気軽にご連絡ください。

全米認知行動療法士会（The National Association of Cognitive-Behavioral Therapists：NACBT）
アルド・プッチ（Aldo Pucci）宛
P. O. Box 2195
Weirton, WV 26062

　電子メールでの連絡も可能です（aldo@nacbt.org.）。また，私たちのウェブサイトも自由にご覧いただけます（http://www. nacbt.org）。

　私たちのサービスやワークショップなどの情報をメーリング・リスト経由でご希望なら，先に紹介した連絡先までお知らせください。
　もっと RLT について知りたいセラピストの方は，次のウェブサイトをご覧ください（http://www.rational-living-therapy.org.）。

　RLT の哲学とテクニックを読者の皆さんと共有できれば光栄です。あなたが健やかに生活できることを心から願っています。

理にかなった心を込めて
アルド・プッチ

	1 強く反対する	2 反対する	3 どちらでもない	4 同意する	5 強く同意する
1. 私の人生には，なるべき状態になっていない物事がある。	1	2	3	4	5
2. 私の気分は他の人によって左右される。	1	2	3	4	5
3. 私の人生には，どうしても我慢できない物事がある。	1	2	3	4	5
4. よく考えてからでないと始められない物事がある。	1	2	3	4	5
5. 私の人生には，まったく私の手に負えない恐ろしいことがある。	1	2	3	4	5
6. 私の気分が安定するのは，他の人が私をどう扱うかによる。	1	2	3	4	5
7. 私の気分が動揺する，ある特別な状況がある。	1	2	3	4	5
8. 状況さえ変われば，私の気分は晴れ，行動も改善する。	1	2	3	4	5
9. 誰かが私を裏切ったら，私は二度とその人物を信用しない。	1	2	3	4	5
10. 私は，他の人がどう考えているかを気にするべきだ。	1	2	3	4	5
11. 気分が動揺してもよいという権利が私にはある。	1	2	3	4	5
12. 今まで，気分や行動を変えるためにいろいろなことを試してきた。でも，上手くいかなかった。だから大して期待はしていない。私は変わらない。	1	2	3	4	5
13. 私がセラピーによってどのくらい変わったかを知る目安は，私がどんな気分で，どう行動するようになったかという点に注目することだ。	1	2	3	4	5
14. 見えないものは存在しない。	1	2	3	4	5
15. 私は問題に対処できない。	1	2	3	4	5
16. 気分を晴らすために，薬を飲むことは必要だ。	1	2	3	4	5
17. 心にあることを洗いざらい全部吐き出せば，私の気分はすっきりする。	1	2	3	4	5
18. もし私が何か良いことをしたら，報酬があるべきだ。	1	2	3	4	5
19. もし私が他の人に親切にしたら，彼らも私に親切するべきだ。	1	2	3	4	5
20. もし私がたったひとつの見方で物事を見たら，間違ってしまう。	1	2	3	4	5
21. もし私の感情が「違う」と感じたら，それは間違っている。	1	2	3	4	5
22. もし私の感情が「正しい」と感じたら，それは正しい。	1	2	3	4	5
23. 胸の奥での直感に従うことは，とても大切なことである。	1	2	3	4	5
24. もし私が何か間違ったことをしたら，自分自身を罰するべきだ。	1	2	3	4	5

参考文献

Babyrak, M., Blumenthal, J.A., Herman, S., Khatri, P., Doraiswamy, M., Moore, K., Craighead, W.E., Baldewicz, T.T., and Krishnan, K.R.（2000）Exercise Treatment for major depression : maintenance of theratpeutic benefit at 10 months. *Psychosomatic Medicine*, 62（5）, 633-638.

Beck, A.T.（1976）*Cognitive Therapy and the Emotional Disorders*. New York, NY : International Universities Press.

Benkert, O.（1975）Studies on pituitary hormones and releasing hormones in depression and sexual impotence. *Progress in Brain Research*, 42, 25-36.

Benkert, O.（1976）Effect of paracholorophenylalanine and 5-hydrotryptophan on human sexual behavior. *Monographs in Neural Scinece*, 3, 88-93.

Bloomfield, H.（1998）*Healing Anxiety Naturally*. New York, NY : HarperCollins.

Blumenthal, J.A., Babyrak, M., Moore, K., Craighead, W.E., Herman, S., Khatri, P., Waugh, R., Napolitano, M.A., Forman, L.M., Appelbaum, M., Doraiswamy, M., and Krishnan, K.R.（1999）Effect of exercise training on older patients with major depression. *Archives of Internal Medicine*, 159, 2349-2356.

Brenner, R., Azbel, V., Madhusoodanan, S., Pawlowska, M.（2000）Comparison of an extract of hypericum and sertraline in the treatment of depression : a double bind, randomized pilot study. *Clinical Therapy*, 22（4）, 411-419.

Burns, D.（1980）*Feeling Good : The New Mood Therapy*. New York, NY : Signet.

Crook, W.G.（1987）*Solving the Puzzle of Your Hard-To-Raise Child*. New York, NY : Random House.

Ellis, A.（1988）*How to Stubbornly Refuese to Make Yourself Miserable About Anything : Yes, Anything*. New York, NY : Carol Publishing Group.

Ellis, A.（2002）*Overcoming Resistance : A Relational Emotive Behavior Therapy Integrated Approach*. New York, NY : Springer Publishing Company.

Holmes, T.H., and Rahe, R.H.（1967）The social readjustment rating scale. *Journal of Psychosomatic Reseach*, 11, 213-218.

Holmes, T.H., and Ruch, L.O.（1971）Scaling of life change : comparison of direct and indirect methods. *Journal of Psychosomatic Reseach*, 15, 221-227.

Korf, J., Van den Burg, W., and Van den Hoofdakker, R.H.（1983）Acid metabolites and precursor amino acids of 5-hydroxytryptamine and dopamine in affective and other psychiatric disorders. *Psychiatr Clin*（Basel）16（1）, 1-16.

Maslow, A.（1954）*Motivation and Personality*. New York, NY : HarperCollins.

Maultsby, M.C.（1975）*Help Yourself to Happiness*. New York, NY : Institute for Relational Emotive Therapy.

Maultsby, M.C.（1984）*Relational Behavior Therapy*. Appleton, WI : Relational Self-Help Aids/T'ACT.

Peet, M. and Horrobin, D.（2002）A dose-ranging study of the effects of ethyl-eicosapentaenoate in patients with ongoing depression despite apparently adequate treatment with standard drugs. *Archieves of General Psychiatry*, 59 , 913-919.

Poldinger, W., Calanchini, B., and Schwarz, W.（1991）A functional-dimentional approach to to depression : serotonin deficiency as a target syndrome in a comparison of 5-hydro-tryptophan and fluvoxamine. *Psychopathology*, 24, 53-81.

Ross, J.（2002）The Mood Cure. New York, NY : Penguin Putnam, Inc.

Schmidt, M.A.（1997）*Smart Fats : How to Dietary Fats and Oils Affect Mental, Physical and Emotional Intelligence*. Berkery, CA : Frog Ltd.

Schrader, E.（2000）Equivalence of St. John's wort and extract and fluoxetine : a randomised, controlled stydy in mild-moderate depression. *International Journal of Clinical Psychopharmacology*, 15（2）, 61-68.

Werbach, M.（1991）*Nutritional Influences on Mental Illness*. Tarzana, CA : Third Line Press.

Whitaker, J.（1995）*Dr. Whitaker's Guide to Natural Healing*. Rocklin, CA : Prima Publishing.

Yerkes, R. and Dodson, J.（1908）The relation of strength of stimulus to rapidity of habit-formation. *Journal of Comparative Neurology and Psychology*, 18, 459-482.

著者について

アルド・R・プッチは，彼が1995年に創立した全米認知行動療法士会（The National Association of Cognitive-Behavioral Therapists）の代表です。プッチはもともと認知行動療法の草分けのひとり，マキシー・C・モールツビー・ジュニア博士からトレーニングを受けました。最近ハワード大学医学部精神科教授の職務から退職したモールツビー博士は，合理行動療法（Rational Behavior Therapy）の創始者です。プッチはモールツビー博士独自のテクニックと哲学，ヒプノセラピーを含む博士のアプローチ法をさらに発展させ，「合理生活療法」（Rational Living Therapy）と呼ばれる技法を開発するに至りました。彼は合理生活療法研究所（The Rational Living Therapy Institute）の所長でもあります。フランシスコ大学大学院カウンセリング専攻科の非常勤教員も務めました。彼は米国内の多くのメンタルヘルスの専門家に認知行動療法と合理生活療法を教えていますが，彼のセミナーとワークショップは非常に高い評価を受けています。

プッチは，数々の地域のメンタルヘルス・センターと個人カウンセリングの両方において，認知行動療法を応用した臨床を幅広く行ない，いろいろな問題と悩みを抱えた人へ合理的セルフ・カウンセリングを行なえるようサポートしています。NACBTから認知行動療法のディプロマを与えられていると同時に，プロフェッショナル・カウンセラー資格（Licensed Professional Counselor），認定臨床ヒプノセラピスト（Certified Clinical Hypnotherapist），認定医療ヒプノセラピスト（Certified Medical Hypnotherapist）でもあります。現在プッチは，ウェスト・バージニア（ピッツバーグの郊外）のウィアトンに，妻のサンディとふたりの子どもたち，アルド・ジュニア，マリアと住んでいます。

訳者略歴

森重さとり
（もりしげ・さとり）

米国コロラド州立大学大学院卒業。カリフォルニア州立ランタマン発達障害センターにてインターン終了。インターン中に全米認知行動療法士会（NACBT）にてトレーニングを開始，認定合理生活療法士（CRLT）を米国認定音楽療法士の資格とともに取得。現在，ペンシルベニア州のベック・インスティテュートにてトレーニング中。横浜と東京の精神科／心療内科において復職支援のための認知行動療法を実践している。2005〜06年度ロータリー財団国際親善奨学生。

石垣琢麿
（いしがき・たくま）

1987年，東京大学文学部心理学科卒業。1993年，浜松医科大学医学部卒業。1999年，東京大学大学院総合文化研究科博士課程修了。現在，東京大学大学院総合文化研究科教授。

主要著訳書──『幻聴と妄想の認知臨床心理学──精神疾患への症状別アプローチ』（単著・東京大学出版会［2001］），『統合失調症の臨床心理学』（共著・東京大学出版会［2003］），『心理学をつかむ』（共著・有斐閣［2009］），『認知行動療法100のポイント』（監訳・金剛出版［2010］），『統合失調症を理解し支援するための認知行動療法』（監訳・金剛出版［2011］），『認知行動療法を身につける──グループとセルフヘルプのためのCBTトレーナーガイドブック』（監修・金剛出版［2011］），『認知行動療法を提供する──クライエントとともに歩む実践家のためのガイドブック』（監修・金剛出版［2015］），『あなたの自己回復力を育てる──認知行動療法とレジリエンス』（監訳・金剛出版［2015］）ほか多数。

Challenge the CBT

いつまでも健康で幸せに生きる！
認知行動療法セルフカウンセリング・ガイド

印　　刷	2016年6月10日
発　　行	2016年6月20日
著　　者	アルド・R・プッチ
訳　　者	森重さとり・石垣琢麿
発行者	立石正信
発行所	株式会社 金剛出版（〒112-0005 東京都文京区水道1-5-16）
	電話03-3815-6661　振替00120-6-34848
装　　幀	永松大剛（BUFFALO.GYM）
印刷・製本	シナノ印刷

ISBN978-4-7724-1492-0　C3011　©2016　Printed in Japan

認知行動療法を身につける
グループとセルフヘルプのためのCBTトレーニングブック

伊藤絵美+石垣琢麿 監修
大島郁葉+安元万佑子 著

B5判｜並製｜208頁｜定価 [本体2,800円+税]

世界でたったひとつのCBT

セルフアセスメントで認知と行動のメカニズムを知り対処につなぐ，
個別+グループに対応可，アレンジ+カスタマイズ自在，
オーダーメイド型CBT！